©2021 Andreas Markowsky
Goethestraße 64, 79100 Freiburg
www.oekostrom-freiburg.de

Lektorat: Boris Heczko, Berlin
Satz und Layout: Markus Miller, München
Umschlagabbildung: © MilsiArt/stock.adobe.com
Autorenfoto Umschlag: © www.christopheberle.de
Druck: Friedrich Pustet GmbH & Co. KG

ISBN: 978-3-96966-896-2

Andreas Markowsky

Klimaschänder

Gewinner von gestern
Loser von morgen

Mit einem Vorwort von Dieter Seifried

Inhaltsverzeichnis

1 Ouvertüre

So unglaublich die folgenden Geschichten sind – so wahr sind sie.

Die Knüppel, die Betreibern von Windenergieanlagen oder auch Wasserkraftwerken zwischen die Beine geworfen werden, sind keine Einzelfälle. Die hier genannten Beispiele stehen stellvertretend für viele andere. Sie belegen, wie Windkraftgegner, Mitarbeiter in Genehmigungsbehörden, vermeintliche Naturschützer, aber auch Politiker in den Kommunen, im Land und im Bund den Ausbau der erneuerbaren Energiequellen behindern.

Dabei ist die Lage mehr als ernst: Die Heißzeit wird kommen. Wenn wir uns heute anstrengen, wird sie weniger schlimm ausfallen. Die Entwicklung ist seit Jahrzehnten bekannt und seit vielen Jahren auch nicht mehr ernsthaft umstritten. Ebenso lange ist bekannt, dass man gegensteuern und insbesondere die erneuerbaren Energien stark ausbauen kann. Doch konkrete aktive Schritte für die fossile Stromerzeugung haben den raschen Umstieg auf Sonne, Wind und Wasser blockiert. **Es waren Menschen, die wider besseres Wissen die Energiewende verhindert haben, sodass es zu dieser folgenschweren Entwicklung gekommen ist.**

Anhand vieler praktischer Beispiele, die Reaktionen vom Schmunzeln bis zur Fassungslosigkeit auslösen, beschreibt Andreas Markowsky, wie Klimaschutzvorhaben in der Verwaltung behindert werden, wie Verwaltungsvorschriften gegen Windenergieprojekte ausgelegt werden, wie unsinnige Anforderungen an Projektentwickler gestellt werden und wie die unwahrscheinlichsten Risikoszenarien dazu herhalten müssen, sinnvolle Projekte zu verhindern. Hier wird zudem deutlich, wie durch politische Maßnahmen die Rahmenbedingungen für einen wirksamen Klimaschutz immer wieder verschlechtert wurden, obwohl die Klimaveränderung längst eingetreten ist und die Klimakatastrophe vor der Tür steht.

Das Büchlein greift die kleinen und großen Vergehen gegen das Klima auf. Es weist auf Klimaschänder hin, die vermeintlich nur ihre Arbeit tun und die Regeln in ihrem Sinne auslegen. Es verweist aber auch auf die Klimaschänder in der Politik, die sich – weil es heute nicht mehr opportun ist, sich gegen Klimaschutz auszusprechen – als Klimaretter gebärden, aber das Gegenteil tun. Zu diesen gehörten auch mehrere Kabinettsmitglieder der letzten Merkel-Regierung.

Im ersten Teil des Buches werden die erlebten Widerstände gegen Wind-, Wasser und Solarenergie geschildert. Mit teilweise absurden Begründungen werden Investitionen in Klimaschutz behindert, wodurch auch der Klimaveränderung Vorschub geleistet wird.

Mit dem Erneuerbare-Energien-Gesetz (EEG) konnte der Ausbau der erneuerbaren Energien zunächst sehr erfolgreich vorangetrieben werden. Doch zu Beginn des zweiten Jahrzehnts dieses Jahrhunderts bemerkten die konventionellen Kraftwerksbetreiber, Energieversorger und Finanzinvestoren, dass ihre fossilen Geschäftsmodelle in Gefahr gerieten. So schmutzig und klimaschädlich es auch war, mit Steinkohle, Braunkohle und Erdgas Strom zu erzeugen – diese Geschäftsmodelle sollten doch so lange wie möglich fortgesetzt werden. Daher musste aus Sicht der (Un-)Verantwortlichen der Ausbau der erneuerbaren Energiequellen gebremst werden.

Nachdem das Bundesverfassungsgericht den Verantwortlichen in Berlin die Rote Karte gezeigt hat, ist es heute offizielle Regierungspolitik, das Ziel der Klimaneutralität bis spätestens 2045 umzusetzen. Das Ziel ist unstrittig, doch die Maßnahmen passen nicht dazu: weder bei den erneuerbaren Energien noch in den anderen klimarelevanten Politikbereichen.

Lange waren Menschen und Politik von der Corona-Pandemie absorbiert. Doch während wir noch mit der Corona-Krise gekämpft haben, ist der Klimawandel ungebremst vorangeschritten. Daher ist Handeln angesagt. Nicht morgen – sondern jetzt.

Dieses Buch will zum Umdenken anregen. Umdenken ist lebensnotwendig – ohne eine effizientere Klimaschutzpolitik, ohne einen raschen Ausbau der erneuerbaren Energien und der Energieeffizienz werden die nächsten Generationen, wird die Gesellschaft scheitern.

Jeder ist Teil des Problems und, wenn er will, auch Teil der Lösung!

Dieter Seifried

2 Der Kampf mit dem Teufel

2.1 Und sie drehen sich doch

Es war an einem warmen Sommerabend im Hitzesommer 2003, als ich unterwegs einen Anruf aus Stuttgart erhielt. Der Anrufer teilte mir mit, Ministerpräsident Erwin Teufel werde am folgenden Tag der Presse verkünden, dass er den beiden Windenergieanlagen auf der Holzschlägermatte bei Freiburg die Baugenehmigung wieder entziehen wolle. Er (der Teufel) habe zuvor den Regierungspräsidenten gefragt, ob er einem entsprechenden Ersuchen nachkommen würde. Der Regierungspräsident hatte zugesagt, und so drohte ein Abriss der Windenergieanlagen, deren beide Türme bereits 98 Meter hoch in den Himmel ragten, wobei Flügel und Gondel noch fehlten.

Die Nachricht war ein harter Schlag für uns. Seit Langem geplant und seit über einem halben Jahr im Bau, wäre ein Entzug der Baugenehmigung eine Katastrophe für den Projektentwickler und die vielen Kleinanleger aus der Region Freiburg gewesen. Damit mich dieser Schlag nicht unvermutet aus dem Radio treffen möge, hatte mich der Anrufer vor dem heraufziehenden Unheil gewarnt.

Unser Hilferuf erreichte unsere Rechtanwältin an der Côte d'Azur. Sie erkannte wohl den dringenden Handlungsbedarf, sah sich aber nicht in der Lage, aus der Ferne zu helfen. Die folgende Nacht verlief unruhig … Am nächsten Morgen konnte ich einen weiteren Anwalt ins Bild setzten. Er empfahl mir, gegen diesen belastenden Verwaltungsakt rechtlich vorzugehen. Hierfür gilt normalerweise eine Frist von zwei Wochen. Da er selbst auch Urlaub plante, reichte er eine Fristverlängerung um eine weitere Woche ein. Gleichzeitig machte er deutlich, dass es der Sache sehr dienlich wäre, wenn der Bau der Anlagen bis zum Zeitpunkt der Entscheidung bereits abgeschlossen sein könnte.

Dankbar nahmen wir diesen Hinweis auf und setzten in den nächsten Wochen alles daran, die Anlagen fertigzustellen. Die am Bau beteiligten Firmen arbeiteten rund um die Uhr, und morgens um 5:00 Uhr bedankten wir uns mit einem reichhaltigen Frühstück. Mit großer moralischer Unterstützung der Freiburger Bürger gelang es uns, die Windenergieanlagen binnen drei Wochen fertigzustellen, sodass der damalige Oberbürgermeister Dieter Salomon am 1. September 2003 fernsehwirksam den roten Startknopf drücken konnte. Tatsächlich kam bald danach die Anordnung, den Bau der Windenergieanlagen einzustellen, da die Baugenehmigung entzogen sei.

Kuriositäten schon im Vorfeld

Der Widerruf der Baugenehmigung war jedoch nicht die einzige Absurdität bei diesem Projekt. Bereits im Vorfeld gab es höchst bezeichnende Entwicklungen. So hatten die Verantwortlichen der Stadt Freiburg überlegt, wo auf der Gemarkung Windmühlen gebaut werden könnten. Der damalige Oberbürgermeister Rolf Böhme, der sich Jahre später zur Energiewende und zum Ausbau der erneuerbaren Energien bekannt hat, setzte sich Ende der 1990er-Jahre für einen Standort ein, der von der Freiburger Innenstadt aus nicht zu sehen war. Dieser auch von der Verwaltung vorgeschlagene Ort lag versteckt hinter Bergen an einem nahezu windstillen Platz. Nach entsprechenden Hinweisen aus der Branche wies der Gemeinderat die Vorlage der Verwaltung zurück und beschloss einstimmig, dass die Verwaltung die Vorlage zu überarbeiten habe. Dies hat sie sehr gründlich getan, jahrelang, unter Hinzuziehung verschiedenster Experten wie z. B. Windgutachtern und Artenschutzspezialisten sowie der Forstdirektion und anderer Fachbehörden.

Das Ergebnis war, dass zwei Standorte ausgewiesen wurden, darunter auch die Holzschlägermatte. Oberbürgermeister Böhme ordnete daraufhin an, man möge die Windmühlen eins zu eins mittels Styropor auf den Bergen visualisieren. Nach schmunzelnder Kenntnisnahme dieser nicht durchführbaren Order wurde der Bauantrag eingereicht. Nachdem Böhme 2002 aus dem Amt ausgeschieden war, entschied der Freiburger Stadtrat, dass diese Flächen im Flächennutzungsplan ausgewiesen werden sollten. Die Baugenehmigung wurde erteilt. Genau diese hat der ehemalige Ministerpräsident Baden-Württembergs, Erwin Teufel, später wieder einkassiert.

2.2 Das Gondelwölkchen

Auch der Weg zur Baugenehmigung war nicht gerade eben. So gab es z. B. Ärger mit den Fachbehörden, zunächst mit der Abteilung Flugsicherung des Regierungspräsidiums. Diese wendete ein, dass die von uns vorgesehene Flugsicherung der Mühlen auf der Holzschlägermatte nicht zugelassen werden könne, da wir weiße Positionslichter und weiße Flügel vorgeschlagen hätten. Sie forderten zwingend rot-weiß bemalte Flügel. Wir wiesen darauf hin, dass am Roßkopf, einem nahe gelegenen anderen Windenergiestandort, die weißlichen Positionslichter nebst weißer Flügel zugelassen worden seien. Die Begründung, warum dies an der Holzschlägermatte nicht ginge, lautete zunächst so: Es wäre möglich, dass an der Schauinslandbahn, die in einigen hundert Meter Entfernung an den Windenergieanlagen vorbeiführt, Hubschrauberübungen zur Rettung von Passagieren durchgeführt werden und die Hubschrauberpiloten die Windräder übersehen könnten. Unser Einwand, dass am zehn Kilometer entfernten Roßkopf ständig Hubschrauber vorbeifliegen, wenn sie vom Freiburger Flugplatz Rettungsflüge in den Schwarzwald durchführen, blieb unwidersprochen. Als weiteres Argument wurde angeführt, dass die Holzschlägermatte in Hauptflugrichtung vom Freiburger Flughafen nach Zürich liege. Für Auswärtige muss man erläutern, dass der Freiburger Flughafen winzig ist und das Wort »Hauptflugrichtung« bei den Einheimischen ein Schmunzeln hervorrufen dürfte. Zurück zu den Fakten: Die beiden Windenergieanlagen können den Flugverkehr gar nicht stören, da die Anlagen unterhalb des 300 Meter höheren Gipfels des Schauinsland liegen und Flugzeuge, die diese Strecke fliegen, bei der Holzschlägermatte bereits wesentlich höher fliegen müssen, wenn sie nicht am Schauinsland zerschellen wollen.

Der Argumentenschwund aufseiten der Behörden führte zu einem letzten verzweifelten Aufbäumen: Es könnten sich Wölkchen bilden, die so klein sind, dass sie sich nur um die Gondeln der Windenergieanlagen legen und somit die weiße Beleuchtung verdecken würden. Die rot-weiß gekennzeichneten Flügel könnten hingegen aus den Wolken herauslugen und die Piloten entsprechend warnen. Wir fragten nach, warum es solche Spezialwolken nur an der Holzschlägermatte gebe und nicht auf dem Roßkopf und auch sonst nirgendwo in Deutschland. Die Flugsicherungsbehörde blieb uns eine Antwort schuldig. Damit wir aber überhaupt bauen konnten, haben wir unseren Widerspruch nicht weiterverfolgt und die Anlage mit weiß-roten Flügeln ausgestattet.

> **WEITERSAGEN**
>
> Vom Planungsbeginn bis zur Inbetriebnahme einer WEA vergehen oft fünf bis sechs Jahre. Mehr als ein Dutzend Gutachten mit einem Volumen von über 1.000 Seiten müssen eingeholt werden, mehrere 100.000 Euro Planungskosten fallen an.

2.3 Die gegrillten Passagiere

Weitere Querschüsse kamen von einer anderen Behörde. Das Landesbergamt, auch für Seilbahnen zuständig, war im Rahmen des Genehmigungsverfahrens gefragt worden, ob irgendetwas gegen eine Baugenehmigung sprechen würde. Das Amt bestätigte schriftlich, dass es keine Einwendungen erhebe. Unmittelbar vor Baufreigabe kam jedoch ein Schreiben, das größte Bedenken wegen etwaiger Brandgefahren ins Spiel brachte. Wie das Landesbergamt plötzlich auf diese

Idee kam, ließ sich aus dem cc des Schreibens erkennen: Es ging in Kopie auch an die Bürgerinitiative zum Schutz des Hochschwarzwaldes, einen Verein der Windkraftgegner.

Wir haben zunächst argumentiert, dass uns weltweit kein Waldbrand bekannt ist, der durch Windmühlen verursacht wurde. Da jährlich eine Million Autos die Strecke zum Schauinsland hochfahren, könnte ein Brand doch eher durch eines dieser Fahrzeuge entstehen. Weil unsere Argumente nicht fruchteten, baten wir das Landesbergamt um ein konkretes Szenario, wie es denn zum Waldbrand kommen könnte. Die Antwort lautete: Die Windenergieanlage fängt an zu brennen, die brennenden Teile fallen nach unten und setzen den Wald in Brand. Anschließend frisst sich dieser Brand den ganzen Berg hinunter und auf der anderen Hangseite wieder hinauf. All das bleibt nach Ansicht der Behörde offenbar gänzlich unbemerkt, weshalb am Ende die völlig überraschten Passagiere der Schauinslandbahn »gegrillt« werden.

Nach dieser Vision des Landesbergamtes blieb mir nichts anderes übrig, als den TÜV Nord, die spezialisierte Einrichtung auf diesem Gebiet, mit einer Sicherheitsanalyse zu beauftragen. Bei dieser Sicherheitsanalyse wird geprüft, welche Gefahren von einer technischen Anlage ausgehen und wie sich dieses Risiko im Vergleich zum allgemeinen Lebensrisiko verhält. Der TÜV Nord sah sich vor Ort um und stellte fest, dass in etwa dreihundert Meter Abstand zur Windenergieanlage ein Gasthof mit Parkplatz liegt. Der TÜV konstatierte, dass von den hier parkenden Autos eine gewisse Waldbrandgefahr ausgehen würde. Diese sei zwar sehr gering, aber um ein Vielfaches höher als die Waldbrandgefahr durch die Windenergieanlage, sodass sich jegliche weitere Untersuchung und Berechnung erübrigten. Daraufhin wurde tatsächlich die Baufreigabe erteilt – bis sie durch eine Anordnung Erwin Teufels widerrufen wurde.

2.4 Die unvollzogene Anordnung

Am 08.10.2003 wurde die Baugenehmigung für die Windenergieanlagen auf der Holzschlägermatte widerrufen. Zu diesem Zeitpunkt produzierten die beiden Windkraftanlagen schon ordentlich Strom und speisten ihn ins Netz ein. Die Verwaltung sieht für eine solche Anordnung ein Widerspruchsrecht vor. Diesen Widerspruch haben wir fristgerecht eingereicht, doch er wurde nicht bearbeitet. Nach einem Vierteljahr reichten wir deshalb eine Untätigkeitsklage ein. Daraufhin geschah etwas, was bei Gericht durchaus unüblich ist: absolut nichts. Das Verwaltungsgericht hatte den Vorgang wohl in die Schublade gelegt und weder Stellungnahmen noch Handlungen eingefordert.

Zwei Jahre später war Erwin Teufel nicht mehr Ministerpräsident, sondern Philosophiestudent in München. Kurz nach seinem Abgang meldete sich das Verwaltungsgericht und fragte an, ob man nicht einmal über diesen Fall sprechen könne. Eingeladen wurden das Regierungspräsidium als Vertreter der Landesregierung, die Stadt Freiburg als Vollzugsbehörde und wir als Vorhabensträger. Die Gespräche waren anfangs äußerst frostig und zogen sich über ein Dreivierteljahr hin, bis man zu einer gemeinsamen Vereinbarung kam: Die Bau- und Betriebsgenehmigung für die Windenergieanlagen sollte nicht mehr, wie ursprünglich genehmigt, für 25 Jahre gelten, sondern nur noch für 21 Jahre. Nach dieser Zeit sollte eine Verlängerung der Betriebszeit unvoreingenommen vom Staat geprüft werden. Mit diesem Kompromiss konnten wir leben – zumal die beiden Anlagen seit der feierlichen Einweihung kräftig Strom produzierten. So kam der Staat gesichtswahrend aus der Angelegenheit heraus.

2.5 Die Motivation des Landesvaters

Natürlich haben wir uns auch gefragt, welche Motivation den damaligen Ministerpräsidenten Erwin Teufel umtrieb. Die Begründung war schlicht: Er fand die Windräder nicht schön, vor allen Dingen, wenn er mit dem Hubschrauber über den Berg flog. Aber was war der Auslöser für sein blamables Verhalten unmittelbar vor Fertigstellung der Anlagen? Es war seine Überzeugung, die auch in einem Interview deutlich zutage trat.

Erwin Teufel war der Vertreter der deutschen Bundesländer im Konvent bei der Europäischen Union, die damals eine Verfassung für diese ausarbeiten wollte. Zu der Verfassung kam es zwar nie, aber er wurde als Mitglied des Konvents vom Südwestfunk interviewt, und zwar von SWR 2, einem eher gediegenen Kultursender. Das Interview verlief zunächst völlig sachlich und neutral, bis er darauf angesprochen wurde, ob es denn nicht an der Zeit sei, wenn man schon eine europäische Verfassung ausarbeite, die EURATOM-Verträge abzuschaffen. Darauf reagierte Teufel äußerst emotional und erklärte, dass dies auf keinen Fall infrage komme, dass man die Verträge dringend brauche und Angriffe auf die Atomkraft völlig haltlos seien. Die Idee, die EURATOM-Verträge aufzuheben, bezeichnete er als grünes Geschwätz und ereiferte sich, dass man diese scheußlichen Windmühlen verhindern und weiterhin auf die Atomkraft setzen müsse.

Eine Woche später hat er dann veranlasst, dass die Baugenehmigung für die Holzschlägermatte zurückgenommen wurde.

2.6 Widerstand trotz hoher Akzeptanz

Ab dem Zeitpunkt, als sich die Anlagen auf der Holzschlägermatte drehten, führte die Forstwissenschaftliche Fakultät der Albert-Ludwigs-Universität Freiburg eine jährliche Befragung bei der Bürgerschaft durch, ob sie die Windenergieanlagen befürworte oder nicht. Zu Beginn lag die Zustimmung für die Windräder bei zwei Drittel der Befragten. Interessant war hierbei die Generationenschichtung. Die unter 30-Jährigen waren zu 80 Prozent dafür, bei den über 65-jährigen Männern war das Ergebnis »halbe-halbe«. Das hat sich im Laufe der Zeit geändert. Zehn Jahre nach dem Bau der Windenergieanlagen betrug die Zustimmung bei einer Befragung 75 Prozent, und zwar über alle Altersgruppen hinweg.

Aber es gab nach Betriebsbeginn auch fanatische Windkraftgegner, die in Aktion traten.

Das Fernsehen griff die Sache auf. Der Südwestfunk hatte damals eine Sendereihe mit dem Titel »Streitgespräch vor Ort« und fragte nach, ob wir bereit wären, ein Streitgespräch zu den beiden Windmühlen auf der Holzschlägermatte vor Ort zu führen. Wir sagten gerne zu, und der Moderator meinte, dass Befürworter wie auch Gegner der Windkraft ein paar Anhänger einladen sollten, damit die Diskussion lebendig werde. Die Livesendung dauerte eine Stunde. Franz Alt und ich vertraten die Pro-Seite und der damalige Landrat und der örtliche CDU-Landtagsabgeordnete die Kontra-Seite. Auf die Frage, ob man nach diesem heißen Sommer 2003 nicht etwas gegen den Klimawandel unternehmen müsse, antwortete der Landrat: »Alles nur Gerede, heiße Sommer hat es schon immer gegeben.«

Insgesamt verlief die Veranstaltung in einem geordneten Rahmen. Unmittelbar danach wurde uns allerdings eine Mail zugespielt, in der der Vorsitzende der Windkraftgegner »Bürgerinitiative Zum Schutz des Hochschwarzwaldes« seine Mitglieder anschrieb und darauf hinwies, dass der Südwestfunk eine Sendung aufnehmen wolle. Die Mitglieder mögen doch kommen, für Stimmung sorgen und auch Plakate mitbringen. Nachmittags würde der Südwestfunk auf dem Schauinsland Touristen befragen. Die Mitglieder wurden aufgefordert, sich Ferngläser oder Kameras umzuhängen und sich als Touristen auszugeben. Darüber hinaus wurden ihnen auch gleich noch einige Sätze in den Mund gelegt, die sie bei der Befragung äußern sollten: »Grüne Gebetsmühlen gegen die deutsche Wirtschaft« oder »Der Teufel soll den grünen OB holen«. Der Plan ging jedoch nicht auf, weil die Befragung gar nicht stattfand. Uns hat die Mail allerdings gezeigt, mit welchen Methoden die Gegner der Windenergie vorgehen.

3 Mit Kreativität gegen Windkraftanlagen

3.1 Schreck für Wanderer

Gegen eine Nichtgenehmigung vorzugehen war in den Nullerjahren dieses Jahrhunderts aussichtslos. Am Verwaltungsgerichtshof Baden-Württemberg (VGH) arbeiteten damals wohl überwiegend Richter, die ebenso wie Erwin Teufel Windmühlen »nicht schön« fanden und sich außerordentlich einfallsreich zeigten, wenn es darum ging, Argumente zu finden, warum Windräder nicht zulässig sind.

Im Ergebnis führte das dazu, dass der VGH die Privilegierung von Windenergieanlagen durch das Bundesbaugesetz faktisch außer Kraft gesetzt hat. Die Privilegierung besagt, dass Windenergieanlagen grundsätzlich zulässig sind, außer wenn dem Bau schwerwiegende Gründe entgegenstehen.

Zwei dieser Verhinderungsurteile waren besonders prägend.

Bei einem Urteil ging es um einen Standort im Südschwarzwald. Dieser Standort lag auf einer Bergwiese, die von Wald umgeben war. Die Besonderheit lag darin, dass die Anlagen fast aus keiner Richtung zu sehen waren. Trotzdem wurde das Projekt zunächst wegen des Eingriffs in das Landschaftsbild abgelehnt, da die Windmühlen nach Ansicht des Verwaltungsgerichts von wenigen Stellen aus zu erkennen waren.

Nach der Berufung des Antragsstellers ging der Antrag zum VGH. Der eingeschaltete Gutachter kam zu dem Ergebnis, dass die Windenergieanlagen vom Dorf aus wegen der vorgelagerten Berge nicht zu sehen seien. Wenn man in der Gegend spazieren gehe, könne man die Anlagen auch nicht sehen, da der Blick nach oben durch die Bäume verstellt sei. Dennoch lautete das Urteil »nicht genehmigungsfähig«. Die sehr findige Begründung: Wenn ein Wanderer durch den Wald läuft, keine der Windenergieanlagen sehen kann und dann auf die

Wiese tritt, steht er völlig unvorbereitet diesen technischen Bauwerken gegenüber – dies sei unzumutbar.

Auch den Wanderern im Schwäbischen steht die Justiz zur Seite. Das zweite Urteil bezieht sich auf einen Standort in Schwaben. Dieser war auf einem durchschnittlich attraktiven Acker geplant und sollte trotzdem wegen des Eingriffs in das Landschaftsbild unzulässig sein. Die Begründung lautete, dass in zwei Kilometer Entfernung ein Naturschutzgebiet liegt. Wenn ein Wanderer durch dieses Naturschutzgebiet geht und genau in die Richtung des Ackers, also der Windenergieanlagen, schaut, dann sei sein Naturgenuss herabgesetzt. Der Bau von Windenergieanlagen an diesem Standort könne deshalb nicht zugelassen werden.

Opa erzählt von der guten, alten Zeit

Quelle: Mester/SFV

3.2 Fantasieproblem Trittschall

Die Hornisgrinde ist der höchste Berg im Nordschwarzwald und gehört zu den windhöffigsten Standorten in ganz Deutschland. Folglich lag es auf der Hand, dort Windmühlen zu bauen. Mit Unterstützung des damaligen Umweltministers in Stuttgart gelang es Ende der Neunzigerjahre tatsächlich, gegen den erheblichen Widerstand der höheren Naturschutzbehörde den Bau dreier kleiner Windmühlen durchzusetzen. Die Windräder entsprachen dem damaligen Stand der Technik. Die höhere Naturschutzbehörde befürchtete Schlimmes für Tiere und Pflanzen und forderte eine vergleichende Untersuchung. Zwei Jahre vor und nach dem Bau sollten die Auswirkungen auf die Pflanzen- und Tierwelt analysiert werden. Doch sosehr die Gutachter sich mühten, sie fanden keine negativen Auswirkungen. Das Gutachten zeigte auch keinerlei Folgen für das Auerhuhn, dessen Domizil nur wenige hundert Meter entfernt lag und bei dem sich weder die Population noch das Verhalten verändert hatte. Die Biologen wollten den Windmühlen jedoch keinen »Persilschein« ausstellen und zogen zwei Schlussfolgerungen. Die erste war: Man dürfe nach zwei Untersuchungsjahren nicht darauf schließen, dass man nach drei oder fünf Jahren auch keine Auswirkungen finden würde. Die zweite Schlussfolgerung war noch interessanter: Auf der Hornisgrinde seien schon vor dem Bau der Windräder viele Touristen herumspaziert. Nach dem Bau habe die Anzahl der Touristen noch zugenommen, und so sei davon auszugehen, dass der Trittschall dieser zusätzlichen Touristen Mikroorganismen im Boden beeinträchtigen könne.

3.3 Steinbruch, Sendemast, Skilift ja – Windräder nein

Einige Jahre später entstand der Plan, am Seibelseckle Windenergieanlagen zu bauen. Das Seibelseckle ist der Nachbarberg der Hornisgrinde. Dieser Standort ist nicht ganz so windhöffig wie die

Hornisgrinde, aber dennoch sehr gut für diesen Zweck geeignet. Das Genehmigungsverfahren dauerte vier Jahre. Alles wurde auf Herz und Nieren geprüft – von den Auswirkungen auf den Sendemast des Südwestfunks bis zur Beeinflussung des Vogelzugs. Nach vier Jahren stellte das Landratsamt fest, dass alle Voraussetzungen für eine Genehmigung erfüllt seien. Doch das Regierungspräsidium wies das Landratsamt zu dessen spürbarer Verärgerung an, die Genehmigung nicht zu erteilen. Die Folge war ein Ortstermin mit dem Regierungspräsidenten und seinem für diesen Bereich zuständigen Abteilungsleiter. Dieser legte dar: »Die Genehmigung kann nicht erteilt werden, weil die Windenergieanlagen in dieser unberührten Landschaft ohne optische Vorbelastung Fremdkörper darstellen und deshalb nicht zulässig sind.«

Da standen wir nun auf einem Hang mit Skilift und etwa 150 Meter entfernt von der viel befahrenen Bundesstraße B 500 mit Blick auf einen großen Steinbruch sowie auf Baracken, die früher von der französischen Armee genutzt wurden. Das Ganze schön eingezäunt durch Betonpfähle mit Stacheldraht. Aber all dies ließ der Mann nicht gelten, weil die Windmühlen ja höher seien als die Bundesstraße. Als wir ihn darauf hinwiesen, dass in weniger als einem Kilometer Entfernung der über 200 Meter hohe Sendemast des Südwestfunks steht, betonte er: »Der Sendeturm zählt schon gar nicht, der dreht sich ja nicht.«

Der Regierungspräsident hatte die Wahl: genehmigen oder ablehnen. Er wusste, dass er einen Riesenärger mit der Landesregierung in Stuttgart bekommen würde, wenn er das Projekt genehmigte. Er wies das Landratsamt an, die Genehmigung nicht zu erteilen. Das Projekt war gescheitert – und daran hat sich bis heute nichts geändert.

> **WEITERSAGEN**
> Mit einer 4-Megawatt-Windenergieanlage können 3.300 Durchschnittshaushalte oder ca. 10.000 Stromsparhaushalte versorgt werden.

3.4 Die optische Konkurrenz zum unsichtbaren Kulturdenkmal

Der Schönberg ist ein rund 600 Meter hoher Berg südwestlich von Freiburg. Windmessungen hatten ergeben, dass dieser Berg für Windenergie geeignet ist. Auch alle anderen Prüfungen zeigten, dass von einer Genehmigungsfähigkeit auszugehen war.

Der Bauantrag lag beim Landratsamt Breisgau-Hochschwarzwald – einer sehr windkraftskeptischen Behörde. Nach einiger Zeit kam ein Schreiben vom Landesdenkmalamt, in dem der Bau wegen der optischen Konkurrenz der Windenergieanlage zu einem Kulturdenkmal abgelehnt wurde. Das war insofern erstaunlich, als es zwar eine alte Burgruine gibt, diese aber nicht auf dem Schönberg, sondern auf einem Nachbarhügel steht und durch Bäume weitestgehend verdeckt war. (Aufgrund der trockenen Sommer Ende der 2010er-Jahre sind inzwischen über tausend Buchen rund um die Ruine vertrocknet und wurden beseitigt.) Lediglich von ganz wenigen Stellen auf dem Schönberg aus konnte man Teile der Burgruine sehen.

Zu unserem Erstaunen war diese Burgruine aber gar nicht gemeint. Vielmehr erläuterte das Landesdenkmalamt, dass es früher vermutlich eine Keltensiedlung auf diesem Hügel gegeben habe und der Verdacht bestehe, dass in etwa zwei Meter Tiefe unter der Erde noch Scherben dieser Siedlung liegen könnten. Wegen der optischen Konkurrenz der geplanten Windenergieanlage zu den im Boden befindlichen Keltenscherben sei der Bau der Windenergieanlage unzulässig.

Die Anlage wurde bis heute nicht gebaut, da das Landratsamt die Argumentation des Landesdenkmalamtes begierig aufgriff und eine Baugenehmigung verweigerte.

3.5 Windpark Gütschkopf – oder das skandalöse Verhalten einer Landesanstalt

Die Genehmigung für den Windpark Gütschkopf im Ortenaukreis wähnten wir in trockenen Tüchern, nachdem uns das Fachplanungsbüro sowie die Forstliche Versuchs- und Forschungsanstalt Baden-Württemberg (FVA) schriftlich bestätigt hatten, dass seit 2007 keine Auerwildnachweise vorliegen.

Doch kurz vor der Erteilung der Baugenehmigung tauchte ein Losungsfund (Kotfund) am Rande des Parkplatzes in der Nähe einer der geplanten Windmühlen auf. Die FVA teilte mit, dass sie die Losung gesichert habe, um mithilfe einer Genuntersuchung zu klären, ob diese von Henne und Küken stamme.

Neun Monate nach dieser Mitteilung der FVA, acht Monate nachdem sie zugesagt hatte, die gentechnische Untersuchung durchzuführen (was tatsächlich nicht erfolgte), einen Monat nachdem der Rechtsanwalt die Herausgabe der Losung zwecks Untersuchung bei einer Hochschule angefordert hatte und zwei Wochen nachdem der Anstaltsleiter das Ergebnis der Genuntersuchung veröffentlicht hat, behauptete die FVA, diese Losung habe ihr niemals vorgelegen. Diese »neue Erkenntnis« fand sich in einem Nebensatz eines Schreibens an unseren Anwalt. Im Anschluss dokumentieren wir die einzelnen Geschehnisse.

Zur Chronologie des Genehmigungsverfahrens Windpark Gütschkopf und zur Rolle der FVA

2014

Im Rahmen der Erstellung des Genehmigungsantrags für den Windpark Gütschkopf wird ein renommiertes und erfahrenes Fachplanungsbüro mit den Artenschutzuntersuchungen, darunter auch zum Auerwild, beauftragt. Die Datenbankabfrage bei der FVA zeigt, dass seit 2007 keine Auerwildnachweise eingetragen sind, seit 2001 keine Nachweise von Jungtieren. Die anschließenden Untersuchungen werden mit der FVA detailliert abgestimmt (was diese auch später, z.B. mit Schreiben vom 19.01.2017, bestätigt). Bei diesen gezielten Untersuchungen in den Jahren 2014 und 2015 sowie bei weiteren Untersuchungen etwa im Rahmen der Biotopkartierung werden keinerlei Hinweise auf Auerhuhnvorkommen gefunden.

2015

Da es sich bei dem Gebiet des geplanten Windparks um ein Vogelschutzgebiet handelt, in dem früher Auerwild lebte, werden zwischen Regierungspräsidium (RP), FVA und Antragsteller Vorsorgemaßnahmen zur Aufwertung des Lebensraumes des Auerhuhns am Rande eines etwa 1,5 Kilometer entfernten Auerhuhngebietes im Umfang von 32 Hektar vereinbart. Dabei geht es insbesondere um waldbauliche Maßnahmen wie Auflichtungen.

12.2015

Nachdem die FVA dem Gutachter schriftlich erneut bestätigt hat, dass seit 2007 keine Auerwildnachweise vorliegen und im zweijährigen Untersuchungszeitraum ebenfalls keine Hinweise gefunden wurden, schließt das Fachplanungsbüro sein Artenschutzgutachten ab mit dem Fazit, dass eine Genehmigungsfähigkeit gegeben ist.

23.06.2016

Bei einer Fahrt von Mitarbeitern des RP und der FVA auf den Gütschkopf wird Vogelkot gefunden, bei dem es sich vermutlich um die Losung von Auerwild handelt. Die FVA hat später, z.B. mit Schreiben vom 19.01.2017, mehrfach bestätigt, dass ohne diesen Fund die Genehmigungsfähigkeit des Windparks vorgelegen hätte. In Zusammenhang mit dem Fund stellte sich zunächst die Frage, ob die Losung ausgelegt wurde oder nicht. Der Antragsteller wies bereits am 11.07.2016 schriftlich auf eine Vielzahl von Indizien hin, die dafür sprechen, dass die Losung von Windkraftgegnern ausgelegt wurde:

- Der Antragsteller hat schon häufig Manipulationen von Windkraftgegnern erlebt, die sich etwa bei den Windenergieanlagen 2003 in Freiburg nachweisen ließen.
- Speziell beim Auerwild tauchte in Münstertal zwei Jahre zuvor in einem seit Jahrzehnten nicht mehr besiedelten Gebiet ein Auerhahn auf, der mit an Sicherheit grenzender Wahrscheinlichkeit hier ausgesetzt worden war und letztlich eingefangen wurde, als er in Vorgärten am Parkplatz des örtlichen Einkaufsmarktes unter den Augen einer staunenden Menschentraube eifrig fraß.
- Im mittleren Schwarzwald waren in den Monaten vor den Gütschkopffunden im Zusammenhang mit Windenergieprojekten Zufallsfunde zum Thema Auerwild aufgetaucht, die, wie die Wissenschaftler sich ausdrücken, »nicht mit den zuvor durchgeführten, systematischen und mit der FVA abgestimmten monatelangen Untersuchungen zu erklären waren«.
- Am Gütschkopf speziell spricht zusätzlich für die Manipulation, dass Gegner des Projekts drei Tage vor dem Fund angekündigt hatten, alles zu tun, um das Projekt zu verhindern.
- Der Windpark umfasst eine Fläche von 20 Hektar, und die Losung liegt ausgerechnet neben der einzigen Parkmöglichkeit am geplanten Windpark.
- Am Fundort hatte der mit Abstand größte Trubel geherrscht, denn sämtliche Firmen, Gutachter, Anwohner und Behördenvertreter, die mit dem Projekt befasst waren, trafen sich immer an dieser Stelle, weil sie als Einzige anfahrbar ist.
- Vor dem Hintergrund der sich oft wiederholenden Manipulationen bei anderen Projekten hält es der Antragsteller nicht für sinnvoll, die gutachterlichen Untersuchungen erneut anzusetzen.

Zur Frage der Manipulation äußerte sich die FVA unterschiedlich:

21.07.2016

»Manipulationsverdacht kann nicht nachvollzogen werden.«

24.01.2017

»Die Frage der Manipulation der Funde können wir nicht abschließend beurteilen, allerdings spricht für uns vieles dafür, dass die Funde echt sind.«

11.04.2017

Stuttgarter Zeitung: »..., dass jemand den Vogelkot eigens am Gütschkopf deponiert haben könnte, hält von Teuffel (Anm.: FVA-Chef) für abwegig.«

Dazu noch eine Anmerkung: Falls die Losung nicht ausgelegt wurde, stellt sich die Frage: Handelt es ich um die Losung von Auerhenne und Küken? Denn nur in diesem Fall wäre der Gütschkopf als Aufzuchtsgebiet einzustufen und die Genehmigung zu verweigern.

29.06.2016

Die FVA geht davon aus, dass die Losung von Auerhenne und Küken stammt, weil die einzelnen Teile der Losung unterschiedlich geformt sind, und stützt sich dabei auf die Einschätzung eines Auerwildkenners. Dieser ist kein Mitarbeiter, aber ein regelmäßiger Auftragnehmer der FVA. Er war auch Auftragnehmer des Antragstellers für das Konzept der Vorsorgemaßnahmen am Gütschkopf. Erst ein halbes Jahr später, als in einer Gemeinderatssitzung aus einem Schreiben von ihm zitiert wurde, stellte sich heraus, dass er hinter dem Rücken des Antragstellers und Auftraggebers mit Gegnern des Vorhabens über das Projekt Gütschkopf korrespondiert hat.

Die Methode, allein aufgrund des Augenscheins unterschiedlicher Losung ein Aufzuchtsgebiet zu definieren, ist, wie die FVA selbst weiß, spekulativ. In einer Veranstaltung der FVA für Förster im Sommer 2015 wurde von einem wissenschaftlichen Mitarbeiter der FVA ein Beispiel für eine Fehldeutung gezeigt. Anhand eines Losungsfundes galt zunächst die Einschätzung, dass es sich um ein adultes Tier und ein Jungtier handle. Die anschließende Genuntersuchung offenbarte allerdings, dass die in Form und Größe unterschiedliche Losung nur von dem adulten Tier stammte.

21.07.2016

Die FVA teilt mit, dass die Losungsfunde gesichert wurden.

22.08.2016

In einem Gespräch beim RP Freiburg sagt die FVA dem RP, dem Landratsamt und dem Antragsteller zu, die Losung gentechnisch untersuchen zu lassen. Alle Gesprächspartner vereinbaren, dass eine Entscheidung bis zur Vorlage der Ergebnisse zurückgestellt wird.

18.10.2016

Die FVA teilt mit, dass sie eine gentechnische Untersuchung durch-geführt hat, allerdings nicht von der Losung, sondern von einer in der Losung steckenden Feder. Abgesehen davon, dass sich die Frage aufdrängt, wie ein Auerhuhn seine Feder in die Losung steckt, konnte diese Untersuchung selbstverständlich nicht klären, ob die Losung von Henne und Küken stammt.

31.03.2017

Nach über sieben Monaten Warten auf das Ergebnis der Genuntersu-chung der Losung fordert der Rechtanwalt des Antragstellers die FVA zur Aushändigung der Losung auf, damit dieser die Untersuchung bei einer Hochschule veranlassen kann. Ziel ist zum einen die Klärung der Frage, ob es sich um die Losung von Henne und Küken handelt, aber auch, ob sich an der Losung menschliche DNA befindet.

11.04.2017

Die FVA gibt das Ergebnis der Genuntersuchung der Losung bekannt. Der Antragsteller erfährt dies allerdings nicht direkt, sondern durch einen Artikel in der Stuttgarter Zeitung. Dort antwortet der Anstalts-leiter von Teuffel auf den Vorwurf, dass die Losung seit weit über einem halben Jahr nicht untersucht worden sei: »Wir haben die Losung sehr wohl untersucht.« Weiterhin führt er aus, der Kot sei so trocken, dass keine DNA mehr extrahierbar war.

28.04.2017

Auf die Anforderung, die Losung auszuhändigen, schreibt die FVA an den Anwalt, dass die Losungsproben seinerzeit nicht mitgenommen wurden, und behauptet damit, die Losung nicht zu haben und nie gehabt zu haben.

Die Repräsentanten der FVA haben mehrfach die Unwahrheit gesagt und den vereinbarten genetischen Nachweis nie erbracht. Trotzdem entschied sich die höhere Naturschutzbehörde, der ablehnenden Haltung der FVA zu folgen und die Genehmigungsfähigkeit zu verneinen.

Konsequenzen des Verwaltungshandelns:
Für die Verwaltung – keine. Für den Projektierer – das Windenergieprojekt ist gescheitert. Für den Klimaschutz – Nullnummer.

3.6 Ein Blockierer tobt sich aus

In der wunderschönen Schwarzwaldgemeinde St. Peter haben wir drei Windenergieanlagen mit gutem Erfolg und hoher Akzeptanz in der Bevölkerung und bei den kommunalen Entscheidungsträgern betrieben. Den kleinen Windpark wollten wir um zwei – selbstverständlich moderne und höhere – Anlagen erweitern.

Daher beantragten wir beim zuständigen Landratsamt den sogenannten Skopingtermin, bei dem die Fachbehörden dem Antragsteller aufgeben, welche Themen er wie mithilfe der Gutachter abzuarbeiten habe. Doch der zuständige Abteilungsleiter weigerte sich, uns einen Termin zu geben, da ja unklar sei, ob es sich tatsächlich um eine Windparkerweiterung handele oder ob die beiden neuen WEAs, auch wenn sie unmittelbarer Nähe der alten stehen sollten, nicht ein optisch getrennter Windpark seien. Zur Klärung dieser Frage verlangte er Fotosimulationen von zahlreichen Standorten aus verschiedenen Himmelsrichtungen.

Als die Fotosimulationen erstellt waren, lautete die Einschätzung, dass die geplanten beiden neuen Anlagen offensichtlich – welche Überraschung – eine Erweiterung darstellten. Die Unterlagen wurden dem Abteilungsleiter zur Verfügung gestellt. Wir nahmen einen zweiten Anlauf, um einen Skopingtermin zu erhalten. Dieser wurde erneut abgelehnt.

Um die Blockade zu überwinden, wandten wir uns an den Regierungspräsidenten. Er erklärte uns, dass ein Eingriff in die Zuständigkeit des Landratsamts nicht möglich sei, er aber zu einem Termin einladen könne, bei dem die Angelegenheit im Regierungspräsidium erörtert wird.

Ein halbes Jahr später wurde daraufhin in großer Runde mit Regierungspräsident, Landrätin und weiteren Behördenleitern geklärt, dass für die Umsetzung des Projekts das Genehmigungsverfahren beginnen sollte. So geschah es, und die Mühlen gingen letztlich in Betrieb.

Dem blockierenden Abteilungsleiter war es nicht gelungen, das Projekt zu verhindern, aber um fast zwei Jahre zu verzögern.

3.7 Wie Fledermäuse ins Grundbuch gelangen

In Lahr, etwa 40 Kilometer von Freiburg gelegen, ist nach zehn Jahren Laufzeit eine Windmühle abgebrannt. In der Nähe stehen noch zwei andere Windenergieanlagen. Das »Repowering« der abgebrannten Mühle lief reibungslos. Vonseiten der Genehmigungsbehörden gab es keinerlei Behinderungen, die Neuanlage konnte zügig errichtet werden. Doch auch hier begegneten wir den ganz normalen irrsinnigen Vorschriften, die auch die Behörden in ihren Entscheidungen binden. Dies zeigte sich bei zwei Fragen des Artenschutzes.

In dem mehrere Quadratkilometer großen Wald gibt es jede Menge Fledermäuse, und es werden hier regelmäßig Bäume gefällt. Natürlich kommt es dann auch vor, dass in den gefällten Bäumen Fledermäuse ihre Nistplätze hatten. Doch das kümmert die Forstwirtschaft nicht. Wenn die Bäume hiebreif oder geschädigt sind, werden sie geschlagen – unabhängig davon, ob sie eventuell eine Herberge für Fledermäuse oder andere Tiere darstellen.

Bei dem Bau einer Windenergieanlage gelten andere Regeln. Die neue Windenergieanlage wurde zwar an derselben Stelle errichtet wie die alte, abgebrannte Anlage. Da die neue Anlage jedoch wesentlich größer und leistungsstärker ist, musste der Platz für den Errichtungskran erweitert werden. Dafür galt es zwölf Bäume zu fällen.

Zuvor wurde jeder einzelne Baum darauf untersucht, ob er irgendwelche Quartierpotenziale für Fledermäuse hatte. Tatsächlich wurde an einem Baum eine Astgabel gefunden, bei der es nicht völlig auszuschließen war, dass sie als Fledermausdomizil infrage kommen könnte.

Daher erhielten wir die Auflage, als Ausgleich zwölf Nistkästen aufzuhängen. Das haben wir gerne akzeptiert, und der Förster war so freundlich, die Aufgabe gegen ein entsprechendes Entgelt zugunsten des Staates für uns zu übernehmen. Die Nistkästen wurden aufhängt. In einer kleinen Dokumentation wurde die Lage der zwölf Nistkästen in einer Karte festgehalten und mit Fotos dokumentiert.

Wir schickten den Bericht an die Naturschutzbehörde und hielten die Sache für erledigt. Die überraschende Antwort belehrte uns eines Besseren: »Vielen Dank«, schrieb die Naturschutzbehörde. »An der Umsetzung haben wir nichts zu beanstanden, aber die Auflage, dass diese Nistkästen aufgehängt werden dürfen, ist im Grundbuch zu sichern.«

Wir schrieben zurück, dass die Nistkästen schon hingen, weshalb die Forderung nach einer Grundbuchabsicherung, die Nistkästen aufhängen zu dürfen, nicht so richtig nachzuvollziehen sei. Zudem handele es sich nicht um einen Privatwald, sondern um ein Waldstück, das sich im Eigentum der Stadt Lahr befinde.

Die Naturschutzbehörde zeigte sich großzügig: Da es sich um einen Stadtwald handele, wolle man auf einen Grundbucheintrag verzichten und würde deshalb auch einen öffentlich-rechtlichen Vertrag akzeptieren. Dieser Vertrag wurde von der Stadt Lahr erarbeitet. Wie viele Personen damit beschäftigt waren, das Vertragswerk zu erstellen, ist uns nicht bekannt.

Vorsichtig geworden, schickten wir den Vertrag an das Landratsamt mit der Bitte um Prüfung. Das Landratsamt bestätigte uns, dass der Inhalt des Vertrages weitgehend in Ordnung sei. Allerdings fehle ein Passus für den Fall, dass die Stadt Lahr ihren Stadtwald verkaufen würde. Denn dann müsste ein potenzieller Erwerber ins Grundbuch eintragen lassen, dass die bereits hängenden Nistkästen aufgehängt werden dürfen.

Wir haben nicht diskutiert, sondern alle Wünsche brav erfüllt.

3.8 Haselmäuse ins Asyl

Das zweite Tierchen, das den Behörden am Herzen lag, war die Haselmaus. Haselmäuse sind in diesem Wald sehr verbreitet. Wenn Bäume gefällt werden, kommen dabei gelegentlich auch Haselmäuse um. Trotz Forstwirtschaft gibt es in diesem Wald jedoch Tausende Haselmäuse. Doch wir wollten die Bäume ja nicht fällen, um Forstwirtschaft zu betreiben – in diesem Falle spielt das Wohl der Haselmäuse keine Rolle –, sondern um eine Windenergieanlage zu bauen.

Da Haselmäuse in dem Gebiet beheimatet sind, mussten wir uns an bestimmte Auflagen und Fällzeiten halten. Die Tiere sollten vor dem Fällen der Bäume eingefangen und umgesiedelt werden. Um diese Aktion vorzubereiten, wurde ein Naturschutzexperte beauftragt, der einen notwendigen Antrag auf artenschutzrechtliche Ausnahmegenehmigung erarbeitete. Auf elf Seiten beschreibt der Antrag ausführlich die Vorgehensweise bei der Umsiedlung. Da die Tiere im Winter schlafen und erst umgesiedelt werden können, wenn sie aufwachen und herumlaufen, mussten wir das Frühjahr abwarten. Wenn nach dem Frühlingserwachen der Haselmäuse die Baumfäller mit der Säge anrückten, sollte auch der Gutachter vor Ort sein und auf dieser Fläche Ausschau nach Haselmäusen halten, um diese dann gegebenenfalls einzusammeln und umzusiedeln.

Dieser Antrag wurde von der höheren Naturschutzbehörde im Regierungspräsidium bearbeitet, das dazu mehrere Rückfragen hatte. Zum Beispiel, ob die Haselmäuse, die umgesiedelt werden sollten, in ihrer neuen Heimat vielleicht schon auf eine Überbevölkerung von Haselmäusen treffen und dann als Asylsuchende möglicherweise kein gutes Leben zu erwarten hätten. Alle Fragen wurden vom Gutachter ordnungsgemäß abgearbeitet. Insgesamt sammelte er zwei Haselmäuse ein und siedelte sie um.

Nun stand dem Bau der Windmühle nichts mehr im Wege. Die Umsiedlungsaktion kostete zusammen mit dem Gutachten 5.000 Euro. Damit war der Fall jedoch noch nicht abgeschlossen, denn wir hatten die Auflage erhalten, das Leben der Haselmäuse fünf weitere Jahre lang zu beobachten. Dies ist jedoch nicht so ganz einfach, weil die Haselmäuse nach fünf Jahren entweder tot sind oder sich im hohen Greisenalter befinden.

Dieses Beispiel zeigt, wie gravierend unterschiedlich vorgegangen wird, je nachdem, ob Bäume im Rahmen der Forstwirtschaft gefällt werden oder ob Anlagen zur Nutzung der erneuerbaren Energien gebaut werden sollen. Es macht auch deutlich, dass dem Klimaschutz eine wesentlich höhere Priorität einzuräumen ist und die gesetzlichen Regelungen zwingend geändert werden müssen, damit Klimaschutzprojekte sich schneller und mit besserer Wirtschaftlichkeit durchsetzen.

3.9 Das Auerhuhn als Überraschungsei

Der Freiburger Waldstandort Taubenkopf im Landschaftsschutzgebiet Schauinsland – ein potenzieller Windstandort – war vom Regierungspräsidium sorgfältig untersucht worden. Bei der Zonierung wurde ein kleiner Teil der Fläche für Windenergieanlagen freigegeben, weil intensive Untersuchungen zum Artenschutz kein nennenswertes Konfliktpotenzial gezeigt haben. Die Stadt Freiburg wies im Rahmen der Flächennutzungsplanung den Taubenkopf als Vorranggebiet aus und stellte im Vorfeld nicht minder intensive Untersuchungen zum Artenschutz an, die zum gleichen Ergebnis kamen. Danach ließ der Antragsteller im Jahr 2018 alle – noch umfangreicheren – Untersuchungen durchführen, die für einen Genehmigungsantrag nach den Vorschriften der Landesanstalt für Umweltschutz erforderlich sind.

Diese betrafen jedoch nicht mehr das Thema Auerwild, denn das Gebiet war von der Fachbehörde in die »Kategorie vier« eingestuft worden, was bedeutet, dass keine Konflikte zwischen Windenergie und Auerwild zu erwarten waren. Doch während des Abstimmungsprozesses mit den Behörden und kurz vor der Fertigstellung des Gutachtens meldete sich unerwartet die FVA und ließ wissen, dass Meldungen über die Sichtung von Auerwild im besagten Gebiet eingegangen seien.

Von dieser Nachricht wurde das Regierungspräsidium ebenso überrascht wie die Stadt und der Antragsteller. Verblüfft fragte der Antragsteller nach, warum er über diese Meldungen nicht informiert worden sei, als er bei der Behörde nachgefragt hatte.

Die Erklärung klang zwar plausibel, warf aber auch ein bezeichnendes Licht auf die Arbeitsweise in der FVA: Wird eine Anfrage zum Vorhandensein von Auerhuhn bearbeitet, so wird die Antwort einer Landkarte entnommen, in der alle Vorkommen eingezeichnet sind. Zum Zeitpunkt der Anfrage lebte kein Auerhuhn in dem betroffenen Gebiet bzw. »auf dieser Karte«.

Die Lösung des Rätsels lautete: Diese Karte wird nur alle fünf Jahre aktualisiert. Meldungen, die in der Zwischenzeit eintreffen, werden zwar in einer Liste notiert, doch diese wird bei der Bearbeitung einer Anfrage merkwürdigerweise nicht berücksichtigt. In diese Liste werden im Übrigen ungeprüft Meldungen von jedermann und jederfrau aufgenommen, unabhängig von der Qualifikation und Glaubwürdigkeit der meldenden Personen.

Nach dieser späten Entdeckung von vermeintlichen Auerwildvorkommen wurde mit den Fachbehörden vereinbart, dass die Meldungen ausgewertet werden sollten. Dabei ergab sich keinerlei Hinweis darauf, dass der geplante Standort tatsächlich als Lebensraum für das Auerwild infrage kam. Vielmehr handelte es sich um sogenannte Zufallsaufenthalte.

Dennoch wurde angeordnet, »Verhöre« durchzuführen. Hierzu legt sich ein Biologe nachts auf die Lauer und lauscht, ob irgendwo im Gebiet ein Auerhahn nach einem Weibchen ruft. Wenn das Verhör negativ ausfällt, also kein Auerhahn ruft, ist eindeutig belegt, dass sich in dem Gebiet keine Auerhühner aufhalten und auch keine Aufzucht erfolgt.

Die Verhöre im Frühling 2019 verliefen negativ. Dementsprechend fiel die Stellungnahme der Naturschutzbehörde aus: Im Hinblick auf Auerwild stehe dem Bau der Windenergieanlagen nichts entgegen.

> ## WEITERSAGEN
>
> Jährlich werden in Deutschland durch die **legale Jagd** bis zu **1,2 Millionen** Vögel getötet, an **Hochspannungsleitungen** verenden bis zu **2,8 Millionen** Vögel, **Hauskatzen** fressen bis zu **60 Millionen** Vögel, im **Verkehr** sterben bis zu **70 Millionen** Vögel, und an **Glasscheiben** zerschellen bis zu **115 Millionen** Vögel.
>
> Der jährliche Vogelverlust durch **Windenergieanlagen** liegt deutschlandweit bei bis zu **100.000 Tieren**.

3.10 Der Milan – von Windkraftgegnern missbraucht

Doch kaum war dieses fiktive Hindernis zum Bau der Windenergieanlagen ausgeräumt, tauchte das nächste auf: Windkraftgegner reichten eine Anzeige beim Regierungspräsidium ein, laut der der Antragsteller versucht habe, ein angeblich brütendes Rotmilanpärchen zu vergrämen. Daraufhin forderte das Umweltamt der Stadt Freiburg den Antragsteller zu einer Stellungnahme auf.

Meine Stellungnahme an das Umweltamt der Stadt Freiburg lautete: »Ich vermute, dass die erhobenen unzutreffenden Vorwürfe möglicherweise in Verbindung mit einer Begegnung der seltsamen Art stehen. Als ich mit meinem Sohn, Mitarbeiter der Ökostromgruppe, die Windmesseinrichtung, zuvor schon Ziel von Vandalismus, und mögliche Fluchtwege für potenzielle Unholde auf dem Taubenkopf inspizierte, sprach mich von hinten eine Frau mit den Worten an:

›Was machen Sie hier‹ – ein unter Menschen, die sich auf Waldwegen begegnen, eher seltener Gruß.

Ich antwortete ihr, dass ich zum Thema Vandalismus unterwegs sei, worauf sie entgegnete, dass ich wissen solle, dass sie zu mehreren seien, die auf alles aufpassen und denen nichts entgehe. Ich war verblüfft, denn die Windmessgeräte sind zwar sehr wertvoll, aber dass gleich mehrere Menschen darauf aufpassen, ohne dass wir davon wissen, schien erstaunlich. Da die Dame aber einen sehr angespannten und leicht wirren Eindruck machte, wollte ich ihre Worte nicht in Zweifel ziehen und sagte nur: ›Gut, und wenn Sie etwas Verdächtiges beobachten, informieren Sie bitte die Ökostromgruppe Freiburg oder das Polizeirevier Süd – die wissen auch Bescheid.‹ Die Frau lief dann neben mir her und redete ohne Unterlass. Der Inhalt, z. B. ich sei der Herr Markowsky, sie habe über mich in der Zeitung gelesen und mir würde der Wald sehr am Herzen liegen, war nicht zu beanstanden. Aber wie sie es sagte, klang ungewöhnlich, fast bedrohlich.

Dann stießen von hinten ein Mann und ein freilaufender Hund zu uns; beide gehörten offensichtlich zu dieser Frau. … Nach wenigen Metern hatten wir meinen Sohn, der einige Schritte vorausgegangen war, eingeholt. Die Frau sagte zu ihm: ›Ich will sehen, wie Sie aussehen.‹ Dies entbehrte nicht einer gewissen Komik, da wir alle vier im Abstand von weniger als zwei Metern den Waldweg entlangliefen. … Er bot ihr freundlich an, dass sie auch ein Foto machen könne. Sie erwiderte barsch: ›Nein, ich habe genug gesehen.‹ Beim Weitergehen attackierte sie meinen Sohn verbal, z. B. mit Aussagen wie ›Sie sind ja wohl der Handlanger von Herrn Markowsky.‹ … Mein Sohn und ich bogen dann in einen Seitenweg ab, der zum Windmessgerät führt, das Paar verfolgte uns noch etliche 100 Meter …

Von Vögeln oder Rotmilanen im Speziellen war während der Begegnung mit keinem Wort die Rede. Zuvor hatte ich einen Rotmilan gesehen, der, vom Kappler Tal kommend, am Waldrand einige Kreise zog und dann nach Nordosten davonflog. Als er kreiste, betrug der Abstand zum Weg mindestens 100 Meter, und der Abstand zu den Standorten der geplanten Windenergieanlagen, die mitten im Wald und jenseits des Kammes errichtet werden, war noch um ein Vielfaches größer. Dass ich den Rotmilan gestört haben könnte, ist wohl auszuschließen. Zum einen war der Abstand groß, zum anderen befanden sich zu dieser Zeit etliche Fußgänger und Mountainbiker auf den Wegen. Auch dass das Gespräch mit der Frau den Vogel gestört hat, ist unwahrscheinlich; wobei mir nicht bekannt ist, ob sich ein Rotmilan zu dieser Zeit überhaupt im Umfeld befunden hat. Außerdem habe ich das Gespräch weder begonnen, noch erreichten meine Redeanteile oder deren Lautstärke die der Frau. Das Gespräch selbst wurde allerdings deutlich übertönt von Holzsägearbeiten, die unten im Kappler Tal in der Nähe der Stelle, bei der der Rotmilan seine Kreise gezogen hatte, stattfanden. Ob sich Rotmilane an freilaufenden Hunden stören, weiß ich nicht; der Hund hielt sich zwar eine Zeit lang in meiner Nähe auf, gehörte aber zu dem besagten Paar.«

Wie in vergleichbaren Fällen verzichtete ich auch dieses Mal darauf, eine Anzeige wegen übler Nachrede zu erstatten, da solchen Personen eher mit therapeutischen Maßnahmen als mit strafrechtlichen Sanktionen zu helfen ist.

3.11 Regionale Wertschöpfung findet nicht statt, und Pacht ist Bestechung

Ein ernstes Problem liegt darin, dass Menschen Veränderungsängste haben. Je älter sie werden, desto stärker werden diese Ängste. Das ist auch völlig natürlich: In fortgeschrittenem Alter sind die meisten Männer froh, wenn sich an ihrer Haarpracht nichts ändert. Denn wenn sich etwas ändert, wird es nur lichter, sprich unerfreulicher. Individuell sind solche Ängste nachvollziehbar. Im Hinblick auf die Zukunftsfähigkeit unserer Gesellschaft ist eine solche »bewahrende«

Einstellung verheerend, aber leider verbreitet. So gibt es auch gegen die Veränderungen durch den Bau von Windmühlen entschiedenen Widerstand aus Teilen der Bevölkerung, vor allem jedoch von älteren Männern. Diese Veränderungsängste werden aber nie so bezeichnet. Vielmehr werden dann sogenannte Sachargumente bemüht, die sich in aller Regel als Scheinargumente herausstellen: Die Grundstückspreise fallen ins Bodenlose, Vögel werden massenhaft von den Flügeln der Windenergieanlagen erschlagen, Touristen laufen weg. Niemand sagt: »Ich habe kein Argument, aber ich habe Veränderungsängste.« Immer wird die vermeintliche Sachebene vorgeschoben: so etwa krank machender Infraschall oder eine drohende Grundwasserverseuchung.

Menschen, die zwar Zweifel haben, aber im Grunde aufgeschlossen sind, kann man mit Sachargumenten überzeugen. Bei dem fanatischen Teil der Windkraftgegner ist dies aber völlig illusorisch. Wie das typischerweise abläuft, haben wir bei einer Informationsveranstaltung in der Nähe von Freiburg gesehen, zu der rund 150 Besucher kamen, davon 40 Windkraftgegner aus der ganzen Region. Nach dem Vortrag über das geplante Windenergieprojekt steht ein Windkraftgegner auf und sagt: »Was gerade zu der lokalen Wertschöpfung vorgetragen wurde, stimmt alles nicht.« Wir, die wir seit vielen Jahren Windenergieanlagen in der Gemeinde Freiamt betreiben, hätten noch nie Gewerbesteuer gezahlt. Im Gegenzug verweise ich darauf, dass wir seit acht Jahren Gewerbesteuer gezahlt hätten und letztes Jahr 30.000 Euro an die Gemeinde geflossen seien. Ich forderte den Windkraftgegner auf, sich dies von der Bürgermeisterin des Ortes bestätigen zu lassen. Die Antwort des Windkraftgegners: »Lügner!«

Diese infantile Reaktion zeigt die Angst davor, dass die Scheinargumente entkräftet werden und man letztlich als Verweigerer ohne Grundlage dastehen könnte. Neutrale Beobachter merken schon, dass da etwas nicht stimmt, aber bei eingefleischten Gegnern ist es absolut hoffnungslos, auf die Kraft der Beweisführung zu setzen.

Wie aggressiv die Stimmung zuweilen ist, zeigen auch Strafanzeigen gegen die Initiatoren von Windenergieprojekten. Ein Juraprofessor aus Todtnauberg hat Anzeige wegen Betrugs gestellt. Sein Argument: Wenn Bürgern Beteiligungsmöglichkeiten an Windkraftanlagen angeboten werden, ist dies an sich bereits ein Straftatbestand. Es sei unverantwortlich, dass diese dann wirtschaftliche Risiken auf sich nähmen. Die Staatsanwaltschaft hat das Verfahren eingestellt. Andere Windkraftgegner haben Strafanzeige wegen versuchter Bestechung eingereicht, weil die Gemeinderäte auf Anfrage darüber informiert wurden, dass die Gemeinde eine nennenswerte Pacht erhalten würde, wenn sie eine Fläche zur Verfügung stellt, auf der Windenergieanlagen gebaut werden können. Mit derartigen Anzeigen ist stets zu rechnen. Sie sind zwar inhaltlich unsinnig, doch sie halten den regulären Betrieb auf, binden Arbeitskapazitäten und kosten Geld. Sie sind ein schäbiges Mittel von Menschen, die die Energiewende bekämpfen, weil sie andere Prioritäten setzen oder den Klimawandel überhaupt leugnen.

3.12 Betroffenheit – Abstand – Akzeptanz

Die Behauptung, die Mehrheit der Menschen sei zwar allgemein für Windenergie, aber dagegen, wenn es um den Bau von Mühlen in ihrer Nachbarschaft gehe, trifft nicht zu. Zur Akzeptanz von Windenergieanlagen wurden in den vergangenen Jahren zahlreiche repräsentative Umfragen durchgeführt. Die Fragen lauteten jeweils sinngemäß: »Sind Sie mit dem Bau von Windenergieanlagen in Ihrem Umfeld einverstanden?« Von den Befragten ohne Erfahrung mit Windenergieanlagen antworteten 70 Prozent mit Ja. Wenn der Bau von Anlagen konkret geplant wird, sinkt die Zustimmung auf 50 Prozent. Hintergrund hierfür sind Veränderungsängste, die oft auch gezielt geschürt werden. Nach der Inbetriebnahme der Windräder merken die allermeisten Nachbarn, dass ihre Befürchtungen unbegründet waren. Die Zustimmung bei dieser Gruppe der Befragten stieg auf 80 Prozent.

Quelle: wolf-ruediger-marunde.de

Zu den Themen »Betroffenheit – Abstand – Akzeptanz« ein Praxisbeispiel: In Biederbach, einem besonders bei Wanderern beliebten Dorf 30 Kilometer nördlich von Freiburg, haben wir einen Windpark mit drei

Anlagen gebaut, der 2020/21 in Betrieb gegangen ist. Gegen die Genehmigung hatte sich ein auf Verwaltungsrecht spezialisierter Anwalt mit umfangreichen Schriftsätzen gewandt. Unterstützt wurde er von Gutachtern. Die von ihm aufgestellten Behauptungen waren unzutreffend und standen deshalb der Erteilung der Genehmigung nicht entgegen. Nachdem diese erfolgt war, hat der Anwalt Widerspruch eingelegt, der von den Behörden überzeugend zurückgewiesen wurde. Da anschließend keine Klage kam, trat bei der Genehmigung Rechtskraft ein.

Interessant ist, wer die Mandanten waren, die den Rechtsanwalt beauftragt hatten. Zum einen ein Naturschutzverband, allerdings keiner aus dem Süden Baden-Württembergs, sondern aus Nordrhein-Westfalen. Dieser Verband ist übrigens nicht bereit, seine Einnahmen offenzulegen. Der zweite Mandant war ein einzelner Bürger, der aber nicht in Biederbach wohnt. Biederbachs kommunale Entscheidungsträger standen – wie auch die Einwohner – wie ein Mann und eine Frau hinter dem Projekt. Im Ort war bekannt, dass der Abstand der nächsten Häuser zum Windpark – 500 bis 600 Meter – eindeutig ausreicht, um die strengen gesetzlichen Regelungen einzuhalten. Die allgemeine Kenntnis über die Auswirkungen von Windenergieanlagen lag einerseits an der jahrelangen Aufklärungsarbeit der örtlichen Energiegenossenschaft, aber auch daran, dass es in den beiden Nachbarorten Freiamt und Schweighausen langjährige Erfahrungen mit Windrädern gibt. Obgleich der Abstand der Anlagen zu den nächsten Häusern dort mehrfach rund 400 Meter beträgt, ist die Zufriedenheit hoch.

Unser Ansinnen, die alten Anlagen durch deutlich leistungsfähigere und höhere zu ersetzen bzw. zu ergänzen, stieß auf große Zustimmung der Anlieger. Und nach deren Realisierung hielt die Zufriedenheit an. Wer zum Beispiel in Freiamt behauptet, nach dem Bau von Windmühlen würden Touristen oder Rehe flüchten oder gar das Trinkwasser gefährdet, wird ausgelacht. All das wussten die Biederbacher.

Der Widerspruchsführer lieferte einen schönen Beleg dafür, dass eine bei einschlägigen Politikern beliebte These Unfug ist. Diese behaupten, dass die Akzeptanz für Windenergieanlagen mit Zunahme der Entfernung steige. Die wenige hundert Meter von den Mühlen entfernt wohnenden Anlieger im Raum Biederbach sind sehr zufrieden und oft stolz auf ihre Windräder. Bei dem besorgten Bürger, der gegen den Windpark Biederbach vorging, beträgt der **Abstand** vom Wohnhaus zum Windpark **acht Kilometer**.

WEITERSAGEN

Repowering ermöglicht eine Erhöhung der Stromerzeugung mit Windenergieanlagen, ohne dass **mehr** Windmühlen errichtet werden. Nach fast 20 Jahren Betrieb wurden in Schweighausen/Schwarzwald zwei Anlagen aus den 90er-Jahren mit Höhen von 45 bzw. 90 Metern, die zusammen eine Million kWh/a produziert haben, durch eine einzige Anlage ersetzt. Diese weist eine Höhe von 185 Metern auf und liefert die fünffache Strommenge, also 5 Millionen kWh/a.

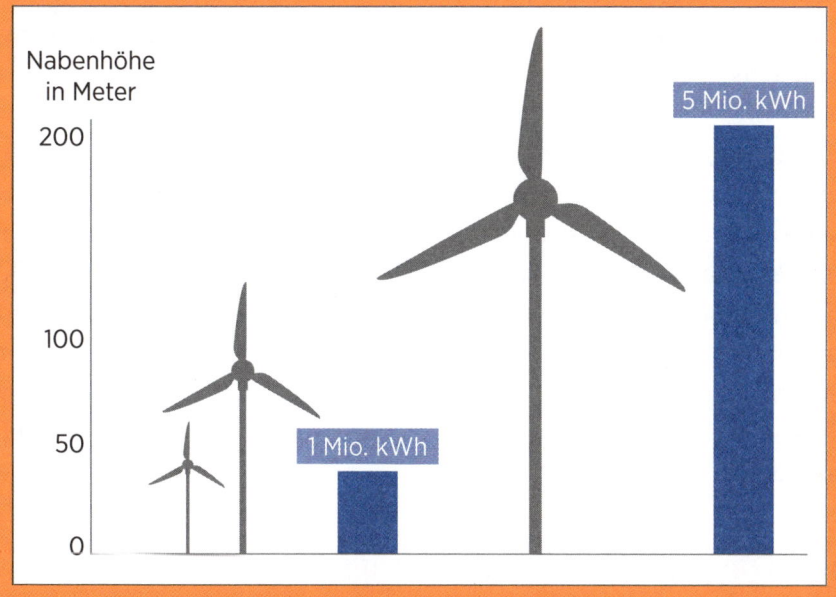

Vielfacher Ertrag durch Repowering

4 Wasserkraft und PV – nicht nur Windmüller müssen leiden

4.1 Turbine als Schluckspecht

Schon bevor die Windmüller in den 1990er-Jahren ihre ersten Erfahrungen mit zähen Genehmigungsverfahren machten, waren die Wasserkraftbetreiber bereits leidgeplagt. Denn die Genehmigung für Wasserkraftanlagen zu erlangen war und ist mindestens genauso mühsam wie die von Windenergieanlagen, und der Aufwand ist wirtschaftlich noch schwieriger darzustellen. Das liegt daran, dass die noch erschließbaren Potenziale an Wasserkraft pro Anlage deutlich geringer sind als bei der Windenergie, aber die Verfahren ähnlich aufwendig oder sogar noch aufwendiger sind. Wir haben hier Erfahrungen verschiedenster Art gemacht.

Als wir eine Wasserkraftanlage an der Dreisam in Freiburg mit Wasserentnahme und -rückgabe an einem bestehenden Wehr bauen wollten, traten wir frühzeitig an den Gemeinderat heran. Ein Mitglied des Gemeinderats, der damals einzige NPD-Stadtrat, lehnte das Vorhaben mit der Begründung ab, dass die Turbinen pro Sekunde sieben Kubikmeter Wasser schlucken würden und somit kein Wasser für die Fische im Fluss übrig bliebe. Dieses Argument belustigte zwar die anderen Gemeinderäte, die nicht dieser Ansicht waren, doch stattdessen kam ein sensibles Thema auf: die Wasseramseln, die angeblich an der Dreisam lebten.

4.2 Die statistische Wasseramsel

Für unser Wasserkraftwerk wollten wir mithilfe eines Wehres die Dreisam um etwa einen Meter aufstauen, wodurch an dem Fluss ein Rückstau von etwa 100 Metern entstanden wäre. Dies wurde zunächst mit der Begründung abgelehnt, dass das Wasserkraftprojekt den Lebensraum eines Wasseramselpaares zerstören würde.

Die eingehende Beschäftigung mit der Wasseramsel ergab dann, dass an den Bedenken nicht viel dran war, denn die Vögel tauchen über einen Meter tief, um Nahrung aufzunehmen, sodass ein geringer Anstieg des Wasserspiegels die Tiere nicht erschrecken muss. Doch entscheidend war, dass gar keine Wasseramsel in dem Abschnitt der Dreisam lebte, der durch das Wehr aufgestaut werden sollte.

Die Annahme, dass wir den Lebensraum der Wasseramsel vernichten würden, beruhte auf den Ergebnissen einer Studie, die an der Dreisam auf der Länge von zwei Kilometern zwanzig Wasseramselpaare im Winter auswies. Bei zwanzig Wasseramselpaaren pro zwei Kilometer ergab sich rechnerisch ein Amselpaar auf 100 Meter. Daraus wurde geschlossen, dass der Lebensraum für ein Wasseramselpaar zerstört wird, wenn man die Dreisam auf 100 Meter Länge aufstaut.

Tatsächlich war es aber so, dass diese Vögel im Winter alle zusammen dicht an dicht an einer Stelle lebten. Etwa anderthalb Kilometer flussabwärts des geplanten Wehrs gibt es nämlich eine Stelle, wo der Fluss Grundwasser aufnimmt, weshalb das Wasser hier wärmer ist. Dies führt zu einem besseren Nahrungsangebot und damit auch zu der geballten Ansiedlung der Wasseramseln.

Doch bis wir diese Zusammenhänge erschlossen und belegt hatten, waren wieder mehrere Monate vergangen. Dies war nur ein Grund für den viereinhalbjährigen Genehmigungsmarathon, an dem 26 öffentliche Stellen beteiligt waren.

Tröstlicherweise erklärten alle Beteiligten am Ende des Verfahrens, dass sie eigentlich schon immer für das Wasserkraftwerk gewesen seien.

4.3 Gestaltungsbeirat verhindert »unsichtbare« PV-Anlage

Auf einem stillgelegten privaten Tennisplatz in einer der besten Wohngegenden Freiburgs soll ein neues Gebäude entstehen. Der in Freiburg tätige Gestaltungsbeirat mit fünf Mitgliedern aus ganz Deutschland, der dazu beitragen soll, Bausünden in Freiburg zu verhindern, war von dem vorgelegten Entwurf beeindruckt. Keinesfalls aber wollte der Gestaltungsbeirat eine Photovoltaikanlage auf dem Dach des Hauses befürworten, die der Architekt des Gebäudes als Option vorgeschlagen hatte. »Da würden wir in diesem historischen Umfeld die Reißleine ziehen«, erklärte ein Mitglied laut Badischer Zeitung vom 12.10.2019.

Dies ist insofern bemerkenswert, als eine PV-Anlage auf dem Dach des neuen Gebäudes von keiner Seite aus einsehbar wäre.

> **WEITERSAGEN**
> Auf den allermeisten öffentlichen Gebäuden in Deutschland sind keine PV-Anlagen installiert.

4.4 Bequemlichkeit contra Generationengerechtigkeit

In einer schwäbischen Gemeinde wurde eine PV-Freiflächenanlage in unmittelbarer Nähe zu einem Umspannwerk geplant. Die Landeigentümer waren aufgrund der überschaubaren Bodenqualität und der deutlich besseren wirtschaftlichen Perspektive einverstanden. Der Bürgermeister lehnte jedoch die Weiterverfolgung des Projekts kategorisch ab und argumentierte, da man schon genug Ärger mit Windkraftgegnern habe, wolle man nicht auch noch den Zorn der PV-Gegner auf sich ziehen. Nun, was sind schon die Lebensbedingungen künftiger Generationen gegen die eigene Bequemlichkeit.

5 Fehlanreize und Widerstände gegen Wind- und Wasserkraft

5.1 Paradoxon: Gewässerökologie contra Klimaschutz

An den Widerständen gegen einen Ausbau der Wasserkraft hat sich bis heute nichts geändert. Dabei ist, weltweit gesehen, die Wasserkraft immer noch die wichtigste regenerative Energiequelle. Wäre all der viele Strom, den die Wasserkraftanlagen in den letzten 100 Jahren geliefert haben, von Kohlekraftwerken produziert worden, sähe die Konsequenz wie folgt aus: Der Klimawandel wäre wesentlich weiter fortgeschritten, noch viel mehr Flüsse würden weltweit trockenfallen.

Auch in Deutschland ließe sich die aus Wasserkraft gewonnene Energie noch deutlich steigern. Unter Berücksichtigung aller ökologischen Belange könnte der Anteil der Wasserkraft hierzulande von heute rund 4 Prozent der Stromerzeugung auf etwa 6 Prozent ansteigen.

Es ist möglich, bei Wasserkraftanlagen die ökologische Situation in der Summe ausgeglichen zu gestalten und den Bedürfnissen der Fische sowohl beim Aufstieg als auch beim Abstieg gerecht zu werden. Auch die Frage, wie viel Wasser ausgeleitet werden darf und wie viel Restwasser übers Jahr hinweg verbleiben muss, lässt sich problemlos beantworten.

Indes, von vielen Seiten wird Wasserkraft grundsätzlich abgelehnt, und diese Haltung hat auch Eingang in zahlreiche Bestimmungen gefunden. Dies gilt besonders für die Wasserrahmenrichtlinie der EU, die in den Neunzigerjahren des letzten Jahrhunderts erarbeitet wurde – also zu einem Zeitpunkt, als die Folgen des Klimawandels noch nicht allen bewusst waren.

Die Richtlinie stellt die Gewässerökologie und die Durchgängigkeit von Gewässern in den Mittelpunkt. **Die Tatsache, dass durch den Klimawandel möglicherweise Flüsse austrocknen und diese dann zwar theoretisch wunderbar fischdurchgängig sind, aber über Monate trockenfallen und kein Wasser mehr führen, wurde hier überhaupt nicht berücksichtigt.**

Trockengefallene Dreisam westlich von Freiburg

5.2 Klimaschutz – Potenzialvernichtung wird belohnt

Die Umsetzung der EU-Richtlinie durch die Verwaltung funktioniert zum Beispiel so, dass die Kommunen bis heute massiv finanziell gefördert werden, wenn sie Potenziale zur Wasserkraftnutzung vernichten. Wo setzt die Förderung an? Es gibt sehr viele Gefällstufen, die ganz überwiegend schon im Mittelalter angelegt wurden, und es gab vor 100 Jahren in Deutschland ungefähr achtmal so viele Wasserkraftanlagen wie heute. Noch in den Dreißigerjahren befanden sich in der Stadt Freiburg über 30 Wasserkraftanlagen. 1998 gab es dann lediglich noch eine Anlage, die sich nur gehalten hat, weil der produzierte Strom durch die angegliederte Reinigung selbst verbraucht werden konnte. Bei einer Abgabe ins Netz wären nur wenige Pfennige vergütet worden.

Inzwischen gibt es wieder acht Wasserkraftwerke. Einige der noch vorhandenen Gefällstufen könnten bei den jetzigen technischen und wirtschaftlichen Rahmenbedingungen auch heute einer ökologischen Wasserkraftnutzung dienen. Voraussetzung wäre jedoch eine Zusammenfassung mehrerer Gefällstufen, indem ein Teil des Wassers an einer Gefällstufe ausgeleitet und einige Gefällstufen weiter unten wieder eingeleitet wird. Dies wird jedoch von der Verwaltung weitestgehend verhindert.

Stattdessen erhalten die Gemeinden Prämien, wenn sie Gefällstufen vernichten und eine raue Rampe anlegen, bei der das Wasser über die Schräge abfließt. Eine raue Rampe gilt als ökologisch wertvoller als der Bau eines Wasserkraftwerks, da man annimmt, dass die raue Rampe für den Fischaufstieg durchlässiger ist als die bei den Wasserkraftwerken vorgesehenen Fischtreppen, über die ein Teil des Restwassers abfließt.

Die Belohnung der Kommunen erfolgt über Ökopunkte. Das System ist so aufgebaut, dass Investitionen in eine raue Rampe honoriert werden. Für die Maßnahme gibt es pro Euro Investitionssumme bis zu vier Ökopunkte, eine Art Nebenwährung, die die Kommunen bei ökologisch problematischen Maßnahmen wie dem Straßenbau oder der Erschließung eines Neubaugebietes einsetzen können, um die auftretenden Schäden an anderen Orten zu kompensieren.

Diese Ökopunkte werden gehandelt, der Preis liegt in der Größenordnung von 0,80 Euro pro Punkt. Wenn etwa eine Gemeinde eine Gefällstrecke, die auch für die Wasserkraft genutzt werden könnte, für 100.000 Euro als raue Rampe umbaut und damit die Wasserkraftnutzung verhindert, erhält sie dafür bis zu 400.000 Ökopunkte. Diese kann sie für etwa 320.000 Euro verkaufen. Das machen die Gemeinden gerne. Dass dabei der Klimaschutz unter die Räder kommt, interessiert die involvierten Entscheidungsträger nicht.

5.3 Mühle oder Maisacker – systematische Fehllenkung durch geltende Gesetze

Wie sehr die politische Klasse versagt, wenn es darum geht, die richtigen Entscheidungen für den Klimaschutz zu treffen, zeigt sich bei der Abwägung zwischen einem Ausbau der erneuerbaren Energien und einer Umstrukturierung der Landwirtschaft. Die Landwirtschaft ist in Deutschland durch die sogenannte Landwirtschaftsklausel privilegiert. Diese besagt, dass der Bauer, der eine ordnungsgemäße Landwirtschaft betreibt, auf bestimmte Naturschutzaspekte keine Rücksicht nehmen muss – ganz im Gegensatz zu anderen Akteuren. Wie sich das konkret auswirkt, zeigen wir nachfolgend am Beispiel von zwei vielfältig strukturierten Bauernhöfen. Beide Bauern haben das Ziel, die Wirtschaftlichkeit ihres Hofes zu steigern, um ihn zu erhalten.

Der eine Landwirt will hierfür eine Windmühle bauen. Die Wahrscheinlichkeit, dass ihm dies gelingen wird, ist nicht sehr groß, denn wenn er seinen Bauernhof abwechslungsreich bewirtschaftet, gibt es vermutlich eine ganze Menge Vögel, die im Einzelfall mit der geplanten Windmühle kollidieren können. Wenn die Wahrscheinlichkeit für einen Vogelschlag signifikant ist, führt dies dazu, dass er keine Genehmigung für eine Windenergieanlage bekommen wird.

Unter »signifikant« verstehen die Naturschutzbehörden keineswegs, dass das Tötungsrisiko durch die Windenergieanlage höher ist als durch die Straßen und Stromleitungen der Umgebung des Bauernhofs. Eine geringfügige Erhöhung des Risikos gegenüber dem Ist-Zustand wird bereits als signifikant eingestuft.

Der wahrscheinliche Ablauf wird sein, dass der Landwirt Gutachter beauftragt, die ein oder zwei Jahre lang prüfend durch die Gegend laufen, was den Landwirt etwa 200.000 bis 300.000 Euro kostet. Hat er alle Gutachten beisammen, stellt er einen Antrag zum Bau der Windenergieanlage und erhält letztlich keine Baugenehmigung, weil möglicherweise ein einzelner Vogel verunglücken könnte.

Der andere Bauer beschließt, seinen Betrieb umzustellen und auf seinen mehrere Quadratkilometer großen Feldern nur noch Mais anzubauen. Dazu braucht er weder eine Genehmigung, noch muss er auf Naturschutzaspekte achten. Die Folge wird sein, dass die bis dahin vorhandene Population an Tieren kollabieren wird. Da sind sich alle Artenschützer einig. Auf dem Maisacker werden Vögel – wie auch andere Tiere – nichts mehr zu fressen finden und ihre Heimat verlieren.

Dieser Vergleich verdeutlicht die fatale Fehllenkung durch die bestehenden Normen. Der Landwirt, der versucht, mit erneuerbaren Energien Geld zu verdienen und etwas für das Klima zu tun, hat kaum eine Chance, sein Vorhaben zu realisieren. Sein Kollege, der in Monokulturen investiert und der Massentierhaltung zuliefert, verdient gutes Geld. Dass er dabei nicht nur einzelne Tiere gefährdet, sondern eine ganze Population vernichtet, spielt überhaupt keine Rolle.

Die Krönung: Wenn der Bauer mit seinem großen Maisacker nach wenigen Jahren einen Antrag zum Bau einer WEA stellt, hat er beste Chancen, eine Genehmigung zu erhalten, da keine Vögel mehr getötet werden können.

5.4 Großkonzerne als Gegenspieler

Wer den Ausbau der erneuerbaren Energien will, muss sich bewusst sein, dass es neben den Veränderungsängsten der Menschen ein zweites Problem gibt, das kaum lösbar ist. Dieses Problem liegt darin, dass die Großkonzerne durch die Energiewende Marktanteile verlieren.

Bei den konventionellen Kraftwerken lag der Anteil der Großkonzerne in Deutschland bei über 80 Prozent. Erneuerbare Energien werden überwiegend dezentral und von vielen Akteuren genutzt. Dementsprechend bedeutet der Zuwachs von erneuerbaren Energien eine Verschiebung der Geldflüsse und einen Machtverlust für die Großkonzerne. Das ist nicht neu, aber dagegen wehren sich die

Konzerne umso mehr, je weiter der Ausbau der Erneuerbaren voran-
schreitet.

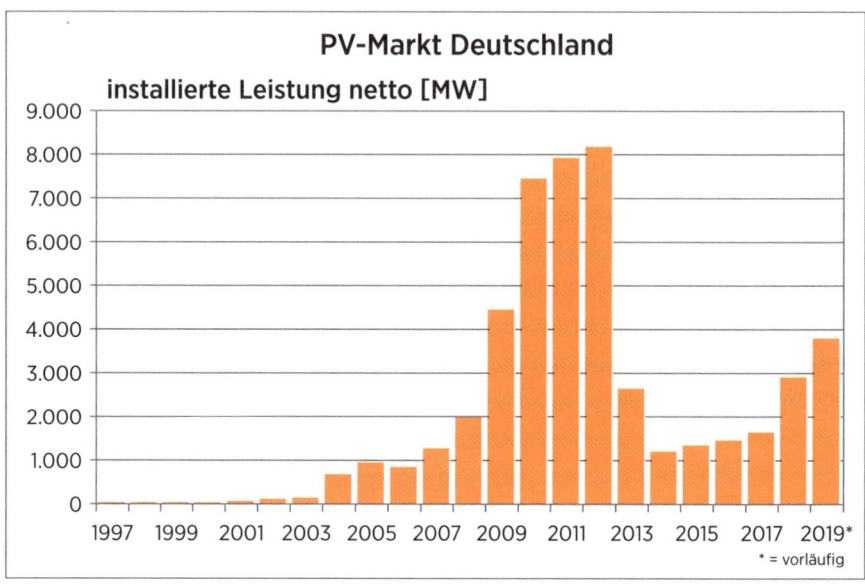

PV-Markt Deutschland

installierte Leistung netto [MW]

* = vorläufig

Quelle: https://www.solarbranche.de/ausbau/deutschland/photovoltaik

WEITERSAGEN

Die Sonne schickt uns keine Rechnung, sondern jährlich 15.000-mal
mehr Energie, als die Menschheit weltweit verbraucht.

Das Problem wird so lange weiterbestehen, bis sich die eine oder
andere Seite durchgesetzt hat. Die Konzerne haben stets behauptet,
dass das Potenzial der Erneuerbaren nicht ausreichen würde, um den
Energiebedarf zu decken.

Inzwischen sind sie allerdings stiller geworden, weil es offensichtlich
ist, dass die Potenziale den Bedarf übersteigen. Auch das Argument,
dass die erneuerbaren Energien viel zu teuer seien, ist den Vertretern
der fossilen Energiewirtschaft inzwischen genommen worden, da

neue Kraftwerke auf Basis erneuerbarer Energien weniger kosten als der Bau von konventionellen Kraftwerken.

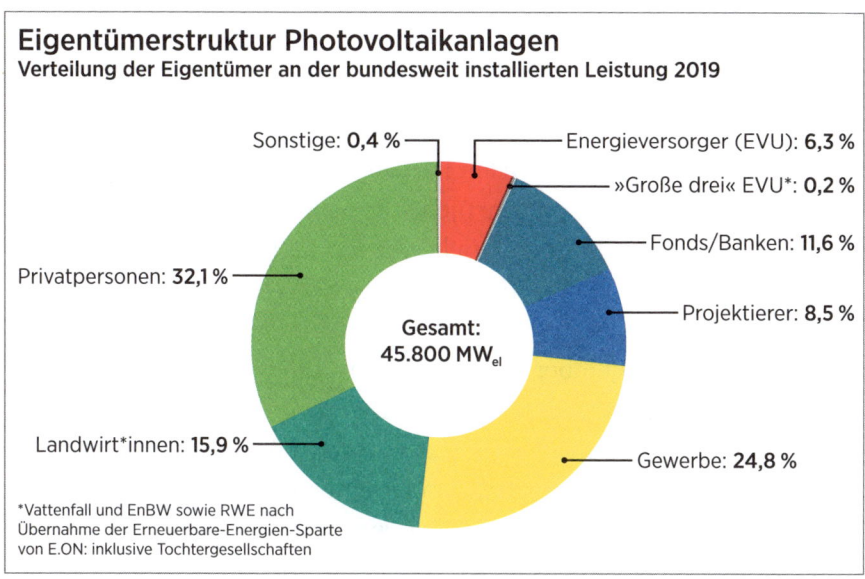

Eigentümerstruktur Photovoltaikanlagen
Verteilung der Eigentümer an der bundesweit installierten Leistung 2019

Sonstige: **0,4 %**

Energieversorger (EVU): **6,3 %**

»Große drei« EVU*: **0,2 %**

Fonds/Banken: **11,6 %**

Privatpersonen: **32,1 %**

Projektierer: **8,5 %**

Gesamt:
45.800 MW$_{el}$

Landwirt*innen: **15,9 %**

Gewerbe: **24,8 %**

*Vattenfall und EnBW sowie RWE nach Übernahme der Erneuerbare-Energien-Sparte von E.ON: inklusive Tochtergesellschaften

Quelle: trend:research/Agentur für Erneuerbare Energien e. V.

Auch wenn die Repräsentanten der fossilen Energien jetzt zum Teil selbst in erneuerbare Energien investieren, wollen sie doch so lange wie möglich von den für sie lukrativen Früchten der fossilen profitieren. Als letztes Argument wird deshalb die gefährdete Sicherheit der Versorgung in den Vordergrund geschoben. Der eigentliche Kern des Problems, nämlich die Marktanteilsverluste, wird von den Großkonzernen nicht thematisiert.

Wie der Ausbau der erneuerbaren Energien in Teilen der Politik gesehen wird, hat der ehemalige EU-Energiekommissar Günther Oettinger am Ende seiner Amtszeit zum Ausdruck gebracht. Vor dem Wirtschaftsrat der CDU führte er aus: Deutschland sei »unterwandert« von Eigenheimbesitzern mit Solaranlagen, Bauern mit Bioenergiekraftwerken und Bürgern, die sich finanziell an Windkrafträdern beteiligen. Damit machte Oettinger klar, in welchem Sinne und Interesse er Energiepolitik in der EU betrieb.

5.5 Widerstand gegen Klimaschutzmaßnahmen trotz Einsicht in ihre Notwendigkeit

Der Klimaschutz wird von vielen Erwachsenen der älteren Generation für sinnvoll gehalten. Dies führt jedoch nicht dazu, dem Klimaschutz hohe Priorität einzuräumen. Viele, die etwas tun könnten, handeln nicht. So etwa ein älterer Hausbesitzer, der genau weiß, dass sein Enkel jetzt den Klimaschutz für ein noch lebenswertes Umfeld in seiner Zukunft benötigt, aber trotzdem nicht durch eine Solaranlage auf dem Dach zur CO_2-Minderung beiträgt. Obwohl er eigentlich willens dazu wäre, geschieht nichts, weil er vor den bürokratischen Hindernissen, die der Staat aufgebaut hat, oder einer anderen Unbequemlichkeit zurückscheut. Oder er redet sich ein, dass die eigene Anlage das Klimaproblem allein nicht lösen wird. Doch die Anlage, die bei diesem Hausbesitzer fehlt, fehlt bei Millionen anderen auch, die genauso zögerlich sind oder ein Haar in der Suppe gefunden haben.

Selbst bei Personen, die direkt in klimasensiblen Bereichen arbeiten, genügt der kleinste vermeintliche Nachteil, um Anlagen zu bekämpfen, die dem Klimaschutz dienen würden.

Hierzu fünf Beispiele:

Da stemmt sich eine Försterin gegen den Bau einer Windenergieanlage in Gutach, und zwar aus folgenden Gründen: Zwar kann sie die Windenergieanlage aus den Fenstern ihres Hauses nicht sehen, doch wenn ihre Tochter zu Besuch käme und sie sich auf die Dachterrasse ihres Hauses setzen und die Stühle, die eigentlich auf das Tal ausgerichtet sind, umdrehen und dann auf den Berg schauen würden, würden sie sich vom Anblick der Windenergieanlage bedrängt fühlen. Deswegen lehnt sie den Bau der Windenergieanlage entschieden ab.

Der Geschäftsführer eines grünen Stromversorgers spricht sich vehement gegen eine Windenergieanlage im Schwarzwaldort Fröhnd aus. Der Mann befürchtet, dass die Windenergieanlage negative Auswirkungen auf den gastronomischen Betrieb seiner Schwiegereltern haben könnte, der etwa einen Kilometer von dem Windrad entfernt ist. Diese Befürchtungen äußert er, obwohl er weiß, dass alle Erfahrungen im Schwarzwald dagegensprechen und solche Auswirkungen nirgendwo aufgetreten sind. Dennoch macht er sich dieses Scheinargument in seinem persönlichen Fall zu eigen, um den Bau der Windenergieanlage zu bekämpfen. Er selbst lebt allerdings davon, im Hauptberuf »Grünen Strom« zu verkaufen.

Ein Mitarbeiter eines Solarforschungsinstituts in Freiburg kämpft gegen den Bau zweier Windenergieanlagen und hat sich sogar zum Sprecher einer Bürgerinitiative gegen Windräder wählen lassen. Unter anderem behauptet diese Initiative allen Ernstes, dass im Tal die Grundstückspreise sinken würden, wenn auf dem Berg zwei WEAs gebaut würden. Und dies in einer Stadt, die seit 17 Jahren Windenergieanlagen auf ihren Hausbergen hat, die sehr gut einsehbar sind. Dennoch sind in sämtlichen Stadtteilen die Grundstückpreise in den vergangenen Jahren stark gestiegen.

Ein Landwirt, dessen Betrieb auf der Ostseite des Schwarzwaldes liegt, beliefert eine Biogasanlage mit seinen Früchten. Als ein Berufskollege eine Freiflächen-PV-Anlage realisieren möchte, nimmt er an einer Treckerdemonstration gegen das Projekt teil.

Das rührige Mitglied eines Vereins, das sich für eine stärkere CO_2-Bepreisung einsetzt, arbeitet eifrig daran, die Wassermenge, die Wasserkraftwerken zufließt zu reduzieren. Dabei weiß der Mann, dass fast jede Kilowattstunde aus Wasserkraft, die dann fehlt, durch zusätzlichen Kohlestrom ersetzt wird, worauf sich der Klimawandel beschleunigt und die Gewässer, die ihm am Herzen liegen, noch häufiger trockenfallen werden als in den vergangenen Jahren.

6 Klimaschänder – die Gewinner von gestern

6.1 Kleine und große Ausbremser

Die Zahl derjenigen, die in Deutschland ganz gezielt Klimaschutz-projekte, insbesondere im Bereich erneuerbarer Energien, verhindert oder behindert haben, geht sicherlich in die Hunderttausende. In diesem Buch sind nur einige wenige Beispiele beschrieben, und dies auch noch aus einer Region, die dem Thema Ausbau der erneuerbaren Energiequellen überdurchschnittlich aufgeschlossen gegenübersteht.

Doch diese »Täter« auf der unteren Ebene waren natürlich nicht so einflussreich und bedeutend wie die Politiker und Ministerialbeamten, die die politischen Rahmenbedingungen gestaltet und so verhindert haben, dass Deutschland die schon Anfang der Zwanzigerjahre dieses Jahrhunderts mögliche vollständig regenerative Stromversorgung erreichen konnte. Wären die Zuwachsraten bei der Nutzung erneuerbarer Energiequellen, die wir vor zehn Jahren in Deutschland erzielt haben, beibehalten worden, so käme heute der in Deutschland produzierte Strom fast vollständig aus erneuerbaren Energien.

Es wäre weltweit beispielgebend gewesen, dass ein Industrieland wie Deutschland die Umstellung auf erneuerbare Energien schaffen kann. Dies hätte im Übrigen auch zur Folge gehabt, dass wir heute in den Genuss der volkswirtschaftlichen Vorteile kämen, die mit einer regenerativen Stromversorgung verbunden sind. Dass Klimaschutzmaßnahmen sich volkswirtschaftlich rechnen, war allen Entscheidungsträgern bekannt, die sich mit Energiepolitik beschäftigen. Neben mehreren Forschungseinrichtungen hatte Lord Nicholas Stern, der frühere Chefökonom der Weltbank, schon 2006 vorgerechnet, welche Kosten auf uns zukommen, wenn der Klimawandel nicht eingedämmt wird.

Allerdings bedarf es keines Volkswirtschaftsstudiums, um zu erkennen, dass die Zerstörung vieler Lebensgrundlagen große Kosten verursacht.

Doch nicht nur in Deutschland gibt es starke Interessengruppen, die mit der fossilen Energiewirtschaft verbunden sind. Der Kampf gegen die erneuerbaren Energiequellen wird auch auf der internationalen Ebene ausgetragen.

6.2 Von Trump bis Bolsonaro

Für Furore sorgte der amerikanische Präsident Donald Trump, der mit seiner Behauptung, der Klimawandel sei eine Erfindung der Chinesen, die USA aus dem Pariser Klimaschutzabkommen herausgeführt hat. Eine der ersten Amtshandlungen seines Nachfolgers Joe Biden bestand darin, diesen unglaublichen Fauxpas rückgängig zu machen. Aber Trump steht mit dieser absurden Einstellung und Handlungsweise bei Weitem nicht allein da: Sein brasilianischer Amtskollege Bolsonaro hindert die Polizeikräfte seines Landes daran, die Brandstiftung im Urwald zu bekämpfen und die Täter dingfest zu machen. Und obwohl in Australien Brände rund eine Milliarde Tiere vernichten und die dortige Bevölkerung in größte Gefahren bringen, hält Ministerpräsident Scott Morrison am forcierten Kohleabbau fest, der den Klimawandel und die Gefahr von Großbränden befeuert. Die Herrscher Saudi-Arabiens haben auf Klimakonferenzen finanziellen Ausgleich gefordert, falls ihr Ölexport durch CO_2-Schutzmaßnahmen zurückgehen sollte. In Südafrika freut sich die Regierung noch im Jahre 2021 darüber, dass durch ein riesiges neues Kohlekraftwerk der Kohleanteil an der Stromversorgung in den nächsten Jahren bei 75 Prozent stabil bleibt. Dies hängt möglicherweise auch damit zusammen, dass der regierende ANC direkt finanziell von der Kohleverstromung profitiert. Die chinesische Regierung baut zwar in riesigen Größenordnungen erneuerbare Energien im eigenen Land aus, lässt aber dennoch zu, dass ihre Banken bis 2021 die weltweit eifrigsten Finanzierer neuer Kohlekraftwerke in Ländern mit unterentwickelter Energieversorgung sind.

Klimaschänder gibt es auf der ganzen Welt. Sie haben verheerende Schäden angerichtet, die vermeidbar gewesen wären und die nun alle Menschen, vor allem die der kommenden Generationen, ausbaden müssen.

6.3 Minister und Helfershelfer in Deutschland

Deutschland braucht sich im Hinblick auf die aktiven Klimaschänder nicht zu verstecken: Medienberichten zufolge haben die Bundesregierungen in den letzten beiden Jahrzehnten mit ihrer Lobbyarbeit in Brüssel immer wieder erfolgreich Klimaschutzmaßnahmen im Verkehrsbereich verhindert, die angeblich für die deutsche Autoindustrie eine wirtschaftliche Belastung bedeutet hätten. Die Kanzlerin und ihre Vorgänger sowie die jeweiligen Verkehrsminister haben sich alle möglichen Tricks bei der Europäischen Flottenverbrauchsrichtlinie einfallen lassen, damit möglichst viele spritfressenden SUVs in Deutschland verkauft werden können, ohne dass dies zu Strafzahlungen für die Autokonzerne führt.

> **WEITERSAGEN**
>
> In Deutschland wird die Nutzung fossiler Brennstoffe zurzeit mit rund 50 Milliarden Euro pro Jahr subventioniert. Davon entfallen auf den Verkehrsbereich rund 30 Milliarden Euro. Die wichtigsten Subventionen im Verkehrsbereich laut Bundesumweltamt: Energiesteuervergünstigung für Dieselkraftstoff, Entfernungspauschale, Steuerbefreiung von Kerosin, Mehrwertsteuerbefreiung für internationale Flüge.

Die Wirtschaftsminister aus Deutschland haben eindeutig immer Klientelpolitik betrieben und das Ziel verfolgt, die Energiewende möglichst so zu bremsen, dass der Strukturwandel, nämlich die Abkehr von den fossilen Energieträgern, so langsam wie möglich erfolgt.

Zunächst geschah dies auch noch völlig ungeniert. Als die SPD-Umweltministerin Barbara Hendricks 2015 von der Pariser Klimakonferenz zurückkehrte und mit feuchten Augen verkündete, dass man sich auf ein internationales Klimaabkommen geeinigt habe, das eine Beschränkung des Temperaturanstiegs auf möglichst 1,5 Grad vorsah, reagierte ihr Parteivorsitzender und Bundeswirtschaftsminister Gabriel wie folgt: Er lehnte eine Dekarbonisierungsstrategie für Deutschland ab. Mit einem Satz hatte er die Klimapolitik seiner Kollegin zerschossen und sein Ressort entsprechend darauf ausgerichtet. Vor allem ging es ihm darum, das EEG zu reformieren oder, besser gesagt, zu deformieren. Die Abgeordneten der SPD-Fraktion folgten ihm wie die Lemminge. Dabei hatte ein Mitglied seiner Fraktion detailliert dargelegt, welch gravierend negative Auswirkungen Gabriels Gesetzesänderung für den Ausbau der erneuerbaren Energien und den Klimaschutz haben würden. Auf den Widerspruch zum Parteiprogramm angesprochen, sagte mir ein Abgeordneter: »Wenn der Parteivorsitzende eine persönliche Bitte an einen Abgeordneten richtet, seinem Gesetzentwurf zuzustimmen, dann tut man das halt.«

Gabriel hat es geschafft, ein Ausschreibungsverfahren für Windenergieanlagen einzuführen und den Leistungszubau der Kraftwerke für erneuerbare Energien sowohl bei Wind als auch bei Sonne einzuschränken. Er hat es geschafft, die Rahmenbedingungen derart zu verschlechtern, dass der Ausbau der erneuerbaren Energien stark eingebrochen ist. Gleichzeitig versuchte er dies als großen Erfolg zu feiern, da mit dem stark abgebremsten Ausbau auch die Strompreissteigerungen reduziert werden sollten. Tatsächlich wurde ausschließlich während der Regierungszeit von Sigmar Gabriel als Wirtschaftsminister der langfristige Trend, erneuerbare Energien im Zeitablauf zu verbilligen, umgekehrt: Die durchschnittlichen Strompreise aus neu errichteten Anlagen sind gestiegen. Ganz offensichtlich ging es Sigmar

Gabriel in Wirklichkeit darum, die alte Struktur der fossilen Kraftwerke möglichst lange zu erhalten und die ihm politisch nahestehenden Freunde zufriedenzustellen.

Quelle: Mester/SFV

6.4 Pest nach Cholera

Als Wirtschaftsminister Altmaier in seine Fußstapfen trat, hat er diese als Klimaschänder par excellence nicht nur ausgefüllt, sondern verbreitet: So wollte er unter anderem die Abstandsregelung für Windenergieanlagen bundesweit auf 1.000 Meter erweitern, was ihm jedoch aufgrund des starken Widerstandes nicht gelungen ist. Altmaier weigerte sich auch lange, den Solardeckel aufzuheben, der vorsah, die

Einspeisevergütung von Solarstrom einzustellen, sobald eine Ausbauleistung von 52 Gigawatt erreicht wird.

Quelle: Mester/SFV

Auch das mit großem Getöse eingeführte Mieterstrommodell, das als wesentlicher Fortschritt verkauft wurde, war aufgrund seiner restriktiven Regelungen unbrauchbar und ein völliger Flop. Das vorgesehene Kontingent wurde daher nur zu einem Bruchteil in Anspruch genommen. Doch Altmaier hatte mächtige Unterstützer in seiner Partei: Die CDU/CSU-Fraktion hat den Abgeordneten des Wirtschaftsflügels, die die Energiewende bremsen wollten, das Mandat für die Energiepolitik übertragen, und diese haben es auch sehr erfolgreich umgesetzt. Wenn die etwas fortschrittlicheren Politiker des Koalitionspartners SPD Forderungen stellten, gelang es der CDU/CSU-Fraktion immer wieder, diese so stark wie möglich abzuschwächen. So zum Beispiel durch den

Abgeordneten Joachim Pfeiffer, der inzwischen wegen seiner obskuren Beraterverträge als energie- und wirtschaftspolitischer Sprecher der Unionsfraktion zurückgetreten ist und auf eine neuerliche Kandidatur für den Bundestag verzichtet hat. Er war eine der Schlüsselfiguren, die verhindert haben, dass durch progressive Regelungen im EEG der Ausbau erneuerbarer Energien und der Klimaschutz wirksam vorankamen.

Der Ausbau von Windenergieanlagen an Land ist in den letzten vier Jahren im Vergleich zu den Jahren 2000 bis 2002 fast zum Erliegen gekommen.

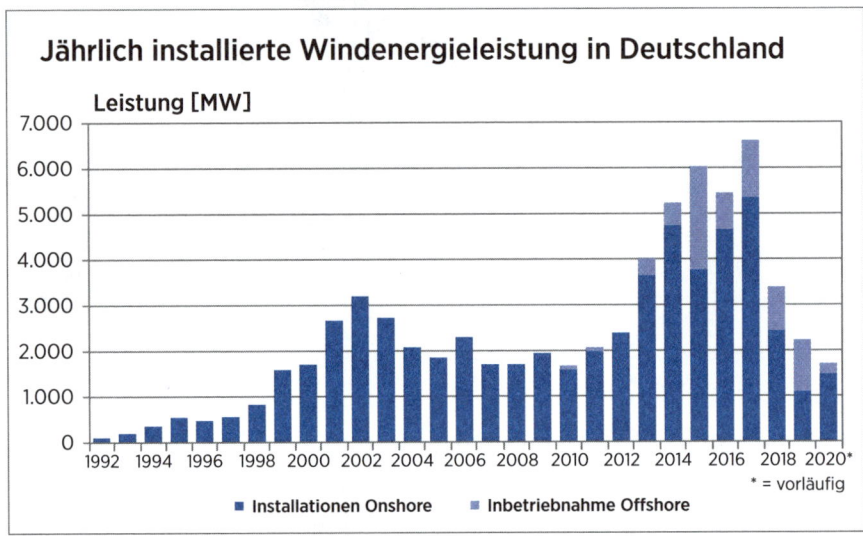

Jährlich installierte Windenergieleistung in Deutschland

Leistung [MW]

■ Installationen Onshore ■ Inbetriebnahme Offshore

* = vorläufig

Quelle: https://www.windbranche.de/windenergie-ausbau/deutschland/windmarkt-2019

6.5 Restanten in Wirtschaft ...

So plump, wie Gabriel es tat, traut sich heute kaum ein Vertreter des öffentlichen Lebens mehr zu sagen, dass ihm Klimaschutz nicht wichtig ist. Aber es gibt solche Menschen durchaus noch. So etwa jenen an Jahren und Euro reichen Unternehmer aus Süddeutschland, der mit großformatigen Anzeigen gegen Windenergieanlagen in seinem Landstrich wettert. Von seinen Fans erhält er Zustimmung, und während junge Zeitungsleser ob der Inhalte oft empört sind, stellt sich bei älteren Kennern der Materie schon mal Mitleid ein. Zu den rückständigen, von Unternehmern gesponserten Grüppchen, die gegen die Energiewende und den Klimaschutz polemisieren, gehören auch die Initiative Neue Soziale Marktwirtschaft und die Werteunion.

... und Politik

Unter den Parteien argumentiert die **AfD** auf Trump-Niveau und verweist auf Sonnenflecken als Ursache für den Klimawandel, wenn es um die Minderung des CO_2-Ausstoßes geht. Wissenschaftler wissen dann nicht, ob sie lachen oder weinen sollen.

In erschreckend geringem Abstand folgt die **FDP**. Dies ist besonders traurig, weil diese Partei schon einmal viel weiter war, als sie 1971 mit den Freiburger Thesen das Verursacherprinzip in die deutsche Politik einführte. Einige Jahre später setzten sich wieder reaktionäre Kräfte in der Umwelt- und Energiepolitik der Partei durch, weshalb hier ein Vakuum entstand. Die Liberalen haben bis heute nicht verwunden, dass sie viele Wähler des aufgeschlossenen Bürgertums an die Grünen verloren haben, die bereits vor Jahrzehnten begriffen haben, worum es bei der Klimathematik geht. Bis heute leugnet die FDP die Dramatik des Klimawandels, die herausragende Bedeutung der erneuerbaren Energien beim Klimaschutz und die volkswirtschaftlichen Vorteile der dezentralen und damit verbrauchsnahen Stromerzeugung. Stattdessen behauptet sie, entscheidend für den Klimaschutz seien Innovationen, gerade so, als gebe es noch keine modernen Wind- und Solaranlagen oder Effizienztechnologien. Ungeachtet der Tatsache, dass alle Akteure den technologischen Fortschritt anstreben, ist es absurd zuzuwarten, anstatt die jetzigen Möglichkeiten auszuschöpfen. FDP-Chef Christian Lindner ruft meiner Einschätzung nach permanent zum Verfassungsbruch auf. Während das Bundesverfassungsgericht der Bundespolitik ins Stammbuch geschrieben hat, in Deutschland das anteilige Erreichen der Pariser Klimaziele zügig umzusetzen, lehnt Lindner fast alle Maßnahmen ab, die den Klimaschutz zeitnah konkret voranbringen könnten, und fordert stattdessen, dass irgendjemand irgendwie irgendwo auf der Welt sich darum kümmern soll. So lässt sich Verantwortungslosigkeit beschreiben.

Quelle: Klaus Stuttman

Welche Emotionen das Thema Klimaschutz bei der FDP auslöst, zeigt das Beispiel von Alexander Graf Lambsdorff. Der Vizechef der Bundestagsfraktion ist sicherlich einer ihrer hellsten Köpfe. Doch als der WDR am 17.02.2021 einen Instagram-Kanal mit dem Namen klima. neutral startete, bezeichnete er dies in einem Tweet als unglaublich und fügte einen Emoji an, dem das Gehirn platzt.

Seit Ende September 2021 trifft sich die FDP-Spitze häufig mit Politikern, die um die Dringlichkeit der Energiewende wissen. Vielleicht hilft's.

6.6 Herumgesödert

Die modernen Klimaschänder generieren sich gerne als Klimaschützer. Paradebeispiele für dieses Vorgehen sind die Parteivorsitzenden Markus Söder **(CSU)** und Armin Laschet **(CDU)**.

Einstmals gehörte Bayern zu den führenden Bundesländern beim Anteil erneuerbarer Energien am Stromverbrauch. Inzwischen ist es auf Platz 7 zurückgefallen, und das kam so: Horst Seehofer, damals noch bayerischer Ministerpräsident, entwickelte anscheinend die fixe Idee, dass die AfD am besten zu bekämpfen sei, indem man sie rechts überholt. In der Flüchtlingsfrage brach er einen riesigen Streit mit der Bundeskanzlerin vom Zaun. Da es eine große Schnittmenge von Windkraftgegnern und AfD-Sympathisanten gibt, wollte er diesen Bereich wohl austrocknen. Zu diesem Zweck erfand er die sogenannte 10H-Regelung. Diese beinhaltet, dass der Abstand zwischen neuen Windmühlen und Siedlungen mit mehr als fünf Häusern das Zehnfache ihrer Höhe betragen soll. Seehofer hatte diese Regelung 2014 gegen den Widerstand fast aller Verbände in Bayern eingeführt. Widerspruch kam von den Umweltorganisationen ebenso wie von den Industrieverbänden.

Sein Nachfolger Söder hätte die 10H-Regelung im Zuge der erstarkten Klimadiskussion zurücknehmen und damit verhindern können, dass Bayern beim Ausbau der erneuerbaren Energien immer weiter zurückfällt. Stattdessen bestand er auf der Regelung, umarmt lieber

Bäume und spricht sich allgemein für mehr Klimaschutz aus. Reden und Handeln unterscheiden sich gravierend.

6.7 Laschet hat es nicht begriffen

Als die belgischen Atomkraftwerke wieder einmal wegen diverser Störfälle ins Gerede kamen, bot Ministerpräsident Armin Laschet der belgischen Regierung an, die fehlende Strommenge auszugleichen. Dies aber nicht etwa durch den forcierten Ausbau erneuerbarer Energien in Belgien und Nordrhein-Westfalen. Nein, er erbot sich, die Kohleverstromung in NRW hochzufahren und vermeintlich billigen Strom aus Stein- und Braunkohlekraftwerken zu liefern, wenn die Atomkraftwerke abgeschaltet werden.

Als es 2019/20 um die Reduzierung der Verstromung der Braunkohle in Deutschland und die mittelfristige Abschaltung der Kohlekraftwerke ging, kämpfte er wie ein Löwe, damit der Kohleausstieg so spät wie möglich erfolgt. Auch bei der Auseinandersetzung um den Hambacher Forst im Jahr 2018 stellte er sich auf die Seite von RWE. Laschet ist mitverantwortlich dafür, dass für den Braunkohleabbau weitere Landstriche geopfert werden. Noch im Juli 2021 hat der Landtag Nordrhein-Westfalens auf Vorschlag der Laschet-Regierung ein Gesetz beschlossen, das den Abstand der Windenergieanlagen zu Siedlungen vergrößert. Bei Kohlekraftwerken wie dem in Datteln genügt ihm ein Abstand von 500 Metern, doch bei Windmühlen soll dieser doppelt so groß sein.

Trotz dieses völlig absurden Vorgehens scheut sich Armin Laschet nicht, sich als großen Klimaschützer und Entfesselungskünstler von Wirtschaft darzustellen – Klimaschutz müsse nur vernünftig und modern umgesetzt werden.

Als der Bundespräsident im Sommer 2021 über die Flutopfer in Westdeutschland sprach, hat Laschet mit einigen Gesprächspartnern herumgealbert. Dies war peinlich, doch er hat sich dafür entschuldigt.

Nicht entschuldigt aber hat er sich dafür, dass seine Kohlepolitik die Klimaveränderung begünstigt und damit die Wahrscheinlichkeit von Extremwetterereignissen erhöht hat. Vielleicht ignoriert er die Zusammenhänge oder will sie vertuschen, zu befürchten ist, er hat sie nicht begriffen.

6.8 Das Wahlprogramm war eine Frechheit

Söder und Laschet haben – mit Billigung ihrer Gremien – gemeinsam ein Programm für die Bundestagswahl erstellt, das die Journalistin Sabine Henkel vom ARD-Hauptstadtstudio am 21.06.2021 wie folgt kommentiert: »CDU und CSU haben ganz offensichtlich das wichtigste Zukunftsthema noch immer nicht erkannt: den Klimawandel. Im Wahlprogramm steht dazu jedenfalls so wenig wie möglich. Nicht nur, dass man es in den hinteren Kapiteln erst suchen muss. Nein, es ist auch so vage wie möglich. Zwar steht dort schwarz auf weiß, dass die Treibhausgasneutralität bis 2045 verbindlich umgesetzt werden soll, aber wie, bleibt offen. So offen, dass sogar die Klima-Union in den eigenen Reihen laut aufschreit. Man muss sich an dieser Stelle tatsächlich fragen: Ist das Papier von CDU und CSU ambitionslos, uninspiriert oder ignorant? In jedem Fall ist es arrogant: eine Frechheit der jungen Generation gegenüber.«

7 Hoffnungszeichen

7.1 Schänder bekämpfen, Gleichgültige gewinnen

Der Klimawandel ist nicht mehr aufzuhalten, und er wird schlimme Folgen für die kommenden Generationen haben. Dafür gibt es klare Verantwortliche, die Klimaschutz systematisch behindert haben. Doch immer mehr Menschen treiben den Klimaschutz voran und handeln. Ob diese Bewegung stark genug ist, den Temperaturanstieg in Grenzen zu halten, wird sich zeigen. Doch wir haben allen Grund, nicht zu resignieren und weiter für den Klimaschutz zu arbeiten, denn es macht einen Riesenunterschied, ob bei ungebremstem Klimawandel jährlich zwanzig Katastrophen über uns hereinbrechen oder »nur« zwei – sofern energisch gegengesteuert wird. Dafür lohnt es sich zu kämpfen.

Alle, die für den Klimaschutz eintreten, können und müssen sich gegenüber denjenigen durchsetzen, die gleichgültig sind oder den Klimaschutz verhindern wollen. **Dieser Kampf lohnt sich**.

7.2 Immer mehr Menschen wachen auf

Dass die Generation der heute 40-bis 90-Jährigen zu wenig für den Klimaschutz getan hat, trifft in dieser Absolutheit nicht zu. Natürlich gibt es die Menschen, die nichts unternommen haben, obwohl es leicht gewesen wäre. Viele Menschen sind mit dem Thema gedankenlos umgegangen. Millionen von Hausbesitzern, die die Chance hatten, eine PV-Anlage auf ihr Dach zu setzen, die sich darüber hinaus auch noch langfristig gerechnet hätte, haben die Mühe und die Investition gescheut, obwohl sie eigentlich wissen konnten, dass es um ein äußerst wichtiges Thema geht und die Lebensbedingungen ihrer Kinder und Enkel durch den Klimawandel nachhaltig verschlechtert werden.

Als Beispiel für den exorbitanten persönlichen Energieverbrauch sei hier eine Frau genannt, die durch den Sport prominent wurde. Sie lebt in Köln, ihr Lebensgefährte in New York. Ganz unbedarft erzählt sie, dass sie einander fast jede Woche besuchen. Welch katastrophalen ökologischen Fußabdruck sie mit diesem Flugmeilenkonsum hinterlässt, ist ihr entweder nicht bewusst oder sie nimmt es achselzuckend in Kauf.

Es gibt aber auch mehrere Millionen Erwachsene, die ganz bewusst in den Klimaschutz investiert und ihren Lebensstil umgestellt haben. Mehr als 1,7 Millionen Solaranlagen bedecken inzwischen die Hausdächer, Millionen von Häusern wurden wärmegedämmt, und alte Heizungsanlagen wurden durch effizientere ersetzt. Natürlich ist das längst nicht genug.

Wenn Klimaschutz erfolgreich sein soll, müssen alle ihren ökologischen Fußabdruck reduzieren, muss Klimaschutz noch viel konsequenter gelebt werden. Das gilt nicht nur für die Haushalte, sondern auch für die Industrie, das Gewerbe, die Landwirtschaft und die öffentliche Hand. Klimaschutz muss uns vom Kindergarten bis ins hohe Alter begleiten. Von herausragender Bedeutung sind die Teilnahme am gesellschaftlichen Diskurs und der Einfluss auf Entscheidungsträger, insbesondere im politischen Bereich, um die Weichen für eine zukunftsfähige Energie- und Klimapolitik zu stellen.

WEITERSAGEN

Ein E-Bike verbraucht nur ein Zwanzigstel des Stroms eines E-Autos.

7.3 Mutmacher

Anlässlich der Klimakonferenz in Bonn am 26.04.2020 **fordern 60 Unternehmen die Bundesregierung auf, ein klares Bekenntnis zum Klimaschutz abzulegen,** und verlangen einen Fahrplan dafür. Zu den Unterzeichnern gehören Bayer, Thyssen-Krupp, Allianz, Telekom, Otto.

Der Bundesverband der Deutschen Industrie (BDI), lange Zeit Hardliner für Kohle- und Atompolitik, kritisierte auf einer Pressekonferenz am 07.08.2021 den inhaltsschwachen Bundestagswahlkampf. Angesichts von Herausforderungen wie dem Klimawandel forderte er Debatten über die Konzepte der Parteien.

Laut einer speziellen Eurobarometer-Umfrage vom Frühjahr 2021 sehen 78 Prozent der Europäerinnen und Europäer im Klimawandel ein sehr ernstes Problem.

Grönland beschließt 2021, die Suche nach Erdöl wegen des Klimawandels zu stoppen.

Der Umweltausschuss des spanischen Parlaments hat im April ein **Klimaschutzgesetz** beschlossen, **das die Suche nach Öl- und Gasvorkommen in spanischen Gewässern untersagt**.

Die **europäische Zentralbank beschließt** im Juli 2021 »einen umfassenden Aktionsplan unter **Einbeziehung von Klimaschutzüberlegungen** in seinen geldpolitischen Handlungsrahmen«.

Der staatliche Pensionsfonds aus Norwegen, der größte Staatsfonds der Welt, beschließt, seine Gelder nur noch in grünen Unternehmen anzulegen.

AP Møller-Mærsk aus Kopenhagen, die größte Containerschiffsreederei der Welt, lässt neue Containerschiffe mit grünem Methanol statt mit Schweröl fahren.

Selbst Polen, auf EU-Ebene größter Bremser beim Klimaschutz, gibt 2021 bekannt, die – hochsubventionierte – Kohleverstromung in den nächsten zehn Jahren substanziell zu reduzieren.

Großbanken wie die Hypo-Vereinsbank stellen die Signale auf Grün und werben in Anzeigen »mit breitem Spektrum grüner und nachhaltiger Finanzierung«.

Quelle: Mester/SFV

Im Juni 2021 fordert die konservative Deutsche Akademie der Naturforscher Leopoldina – Nationale Akademie der Wissenschaften nichts weniger als eine **Ökorevolution**.

Auch bei den Kulturschaffenden ist das Thema Klimaschutz angekommen. Sie bringen es etwa in Berlin auf die (Schau-)Bühne.

US-Präsident Bidens Joboffensive: **»Denke ich ans Klima, denke ich an Jobs.«**

In fast jedem Sportverein ist Klimaschutz Thema. Die Planung eines Stadions ohne Nutzung erneuerbarer Energien ist inzwischen undenkbar.

Im Hinblick auf die vielen Schwätzer, die Klimaschutz befürworten, sich aber wegducken, wenn es konkret wird, schaltet Brot für die Welt eine Anzeige: **»Alle reden nur vom Klimawandel. Genau das ist das Problem.«**

Klimaschutz »ist nicht in erster Linie eine Geldfrage«, so der frisch wiedergewählte Ministerpräsident von Baden-Württemberg Winfried Kretschmann im April 2021. So würden Windräder von Privatinvestoren und nicht vom Staat gebaut. Das Land müsse für kürzere Verfahren sorgen und Flächen für den Bau von Windkraftanlagen bereitstellen.

Grüne und CDU in Baden-Württemberg wollen beim Klimaschutz eine **»Ermöglichungsverwaltung«**. Mit anderen Worten: Genehmigungsverfahren für erneuerbare Energiequellen sollen schlanker und schneller umgesetzt werden können.

Durch den starken Ausbau der erneuerbaren Energien sank der Kohlestromanteil in China trotz Zubaus von Kohlekraftwerken 2021 unter 50 Prozent.

Das **Bundesverfassungsgericht** hat im Frühjahr 2021 der amtierenden Bundesregierung wegen ihrer mangelhaften Arbeit beim Klimaschutz die Rote Karte gezeigt und den **Freiheitsbegriff neu definiert**. Übersetzt heißt die Entscheidung: Freiheit bedeutet nicht, mit 250 Stundenkilometern über die Autobahn rasen zu können, sondern kommenden Generationen lebenswerte Umweltbedingungen zu ermöglichen, damit auch unsere Kinder und Enkel sich entfalten können.

Auch der Gesundheitsbereich ist aufgewacht. In einer Studie, die zusammen mit der Uniklinik Hamburg ausgearbeitet wurde, stellt der Dachverband der Betriebskrankenkassen 2021 fest, dass **Krankheiten wie Hitzschlag oder Hautkrebs, die auf den Klimawandel zurückzuführen sind, drastisch zugenommen haben**. Das Multitalent Eckart von Hirschhausen und andere Mediziner fordern konsequenterweise einen drastischen Ausbau der erneuerbaren Energien, um den Klimawandel auszubremsen.

Die höchsten Beschlussgremien der Caritas fordern im Frühherbst 2021 die Energiewende. Präsident Peter Neher bat die Arbeitgeber der Caritas-Einrichtungen, den Mitarbeitern die Teilnahme am globalen Klimastreik zu ermöglichen.

Chinas Staatschef Xi hat in der UN-Generaldebatte am 21. September 2021 Folgendes angekündigt: China wird keine Kohlekraftwerke im Ausland mehr bauen, sondern Entwicklungsländer beim Ausbau grüner Energien unterstützen.

In der Generation Ü60 steigt der Anteil derer, die die Zeichen der Zeit verstanden haben, erfreulich stark an. Zu ihnen gehört UN-Generalsekretär **António Guterres**, der im September 2021 vor der UN-Vollversammlung ausführt: **»Der Zugang zu sauberer erneuerbarer Energie entscheidet ganz einfach über Leben und Tod.«**

Nachdem die grün-schwarze Regierung in Baden-Württemberg die Energiewende bislang »nur« gut fand, **kündigt Ministerpräsident Winfried Kretschmann** im Oktober 2021, unterstützt von namhaften Konzernen, **konkrete Schritte an**. Jens Schmitz schreibt am 14.10.21 in der *Badischen Zeitung*: »Kretschmann ließ keinen Zweifel daran, dass er gewillt ist, Prioritäten zu setzen. Windkraft etwa sei eine große nationale und europäische Aufgabe. ›Darüber kann weder eine örtliche Gemeinschaft entscheiden, ob das vorangeht, noch der Rote Milan.‹ **Man könne nicht von bundesweit vernetzten Lobbyisten oder Einzelvögeln abhängig machen, ob die Energiewende gelinge.** Wichtig sei … Tierarten als Ganzes stabil zu halten. ›Ich sage Ihnen, das werden wir machen und hinbekommen.‹«

Die **Ampelkoalition** in Berlin legt im November 2021 einen Koalitionsvertrag vor, der im **Kapitel Klimaschutz** gegenüber den bisherigen Regierungsprogrammen einen **Quantensprung** darstellt.

Wir werden gewinnen.